Hans Stoisser

Der Schwarze Tiger

Hans Stoisser

Der Schwarze Tiger

**Was wir von Afrika
lernen können**

Kösel

Copyright © 2015 Kösel-Verlag, München,
in der Verlagsgruppe Random House GmbH
Umschlag: Weiss Werkstatt, München
Umschlagmotiv: © shutterstock/Vladitto/BildNr. 184733873
und © shutterstock/Cienpies Design/BildNr. 144656453
Druck und Bindung: GGP Media GmbH, Pößneck
Printed in Germany
ISBN 978-3-466-37125-9

Weitere Informationen zu diesem Buch und unserem
gesamten lieferbaren Programm finden Sie unter
www.koesel.de

Inhalt

1 · Boom

2001. Maputo, Mosambik. Ich wohne im Cardoso, einem
wunderschönen Hotel am Hochplateau der Stadt. Der weite
Blick lässt die Sonne über der Hafenbucht untergehen. In der
hellen, geräumigen Lobby surrt die Klimaanlage, draußen
auf der weitläufigen Terrasse weht eine angenehm kühle Brise.
Die vielen Europäer und Amerikaner trinken ihren Espresso,
Cappuccino, Tee oder ihr Bier. Sie sind »Expats«, europäische
oder amerikanische Mitarbeiter von »Hilfsorganisationen« wie
Weltbank, UNDP (Entwicklungsprogramm der Vereinten
Nationen), GTZ (Deutsche Gesellschaft für technische Zusammenarbeit, heute: GIZ – Deutsche Gesellschaft für internationale Zusammenarbeit), DANIDA (Dänische Internationale Entwicklungsagentur) oder auch der EU-Delegation. Sie
wohnen für zwei, drei oder mehr Jahre in der Stadt und treffen hier im Hotel die nur für wenige Tage angereisten »Kurz-
zeitexperten« für Wasserversorgung, Kleingewerbeförderung,
Institutionenaufbau oder »Empowerment« von Frauen und
für andere Fachbereiche. Als ich mich zwischen den Tischen
hindurchschlängle, schnappe ich einzelne Teile verschiedener
Gespräche auf. »Das ist der neue Generaldirektor«, flüstert
ein blonder Herr, der durch seinen Nadelstreifenanzug her-
vorsticht, zu seinem Gesprächspartner. Wild gestikulierend
spricht eine deutsche Frau in ihr Telefon: » … unglaublich,

und jetzt will der neue Minister das Projekt stoppen lassen?«
Ja, unter den Expats sind die neuesten Erkenntnisse und Gerüchte zur Situation in Mosambik Thema Nummer eins.

Ein Kaffee kostet hier umgerechnet einen Euro, das Bier einen Euro und fünfzig Cent, alles also nur halb so teuer wie in Europa. Ein luxuriöses Zimmer mit Seeblick bekommt man für 75 Euro die Nacht, inklusive üppigem Frühstücksbuffet. Bei einer europäischen oder amerikanischen Organisation das Geld verdienen und hier zu leben ist ein guter Deal.

2013. Wieder im Cardoso. Diesmal komme ich lediglich zum Sonnenuntergang auf ein Bier. Fünf Euro fünfzig Cent. Das Zimmer hätte 250 Euro die Nacht gekostet. Außer mir sehe ich keinen einzigen Europäer in diesem Hotel, das noch immer Treffpunkt wichtiger Entscheidungsträger im Lande ist. Es sind jetzt vor allem Mosambikaner, die hier bei Bier, Wein und Whisky ihre Geschäfte besprechen. Dazwischen mischen sich asiatische Gesichter. Alle sind vornehm gekleidet und unterhalten sich angeregt.

■

Was war in den knapp zwölf Jahren zwischen den beiden Szenen geschehen? Die Verdrängung der Europäer im Hotel Cardoso ist kein Einzelfall, sie passierte auch in den anderen vornehmen Hotels der Stadt. Wie konnte sich in dieser Zeit die Situation der Europäer in Mosambik derart verändern?

Der internationale Währungsfonds hat berechnet, dass sich das mosambikanische Wirtschaftsvolumen in der Zeit von 2000 bis 2013 mehr als verdreifacht hat, also jährlich um durchschnittlich 10 Prozent gewachsen war. Das durchschnittliche Einkommen eines Mosambikaners hat sich dabei mehr als verdoppelt, von 430 auf 1150 Euro, inflationsbereinigt. Im Jahr 2018 wird jeder und jede der dann 25

Millionen Mosambikaner und Mosambikanerinnen durchschnittlich 1680 Euro verdienen.

Wie in Mosambik, dem bis in die 1990er-Jahre ärmsten Land der Welt, hat auch in vielen anderen afrikanischen Ländern eine dynamische Wirtschaftsentwicklung die Lage stark verändert. Wie aber war das möglich? Wie kam es zur Verdrängung der Europäer durch andere, nicht-westliche Länder? Sollte das für uns von Bedeutung sein? Können afrikanische Länder wie Mosambik in dieser Phase ihrer Entwicklung überhaupt interessant für Europa sein? Interessant als Partner für einen kulturellen und wirtschaftlichen Austausch, nicht nur als Destination exotischer Reisen oder für akademische Forschungen? Wie bedeutend ist denn überhaupt die Entwicklung Afrikas für den Rest der westlichen Welt? Immerhin tummeln sich ja immer mehr nicht-westliche Länder auf dem Kontinent, arbeiten mit an der Steigerung des materiellen Lebensstandards und machen dabei gute Geschäfte.

In diesem Buch gehe ich diesen Fragen nach. Ich komme zu dem Schluss, dass es höchste Zeit für Europa ist, die Einstellung zu Afrika zu hinterfragen, das Bild, das wir uns von diesem Kontinent machen, neu zu zeichnen, und sich gegenüber den afrikanischen Ländern eine neue Politik zurechtzulegen.

In diesem Kapitel zeige ich zunächst, wie es in den letzten beiden Jahrzehnten zu diesem Wirtschaftsboom in vielen afrikanischen Ländern kommen konnte.

Urbanes Afrika

Das durchschnittliche Einkommen einer Mosambikanerin von 1150 Euro im Jahr ist für uns Europäer noch immer unglaublich gering. Die Bewohner der Länder der Europäischen Union verdienten 2012 durchschnittlich 29 500 Euro, also das Fünfundzwanzigfache!

Doch allein der Vergleich der Durchschnittseinkommen zwischen Mosambik und Europa reicht nicht aus, um die Umkehrung der Machtverhältnisse im Hotel Cardoso zu erklären. Denn tatsächlich haben sich die Gewichte noch viel drastischer verschoben, als es ein statistisch errechnetes fünfundzwanzigfaches Pro-Kopf-Einkommen Europas vermuten lässt.

Wie in fast allen afrikanischen Ländern, lebt in Mosambik noch immer der Großteil der Menschen auf dem Land. Laut UN sind es knapp 70 Prozent. Für einen Teil dieser Menschen hat sich in den letzten Jahren auch nicht viel geändert, einige leben ein in jahrhundertealter Tradition beständiges Leben: Nahrungsmittel anbauen, Vieh züchten, fischen, einfache Handwerkstätigkeiten. Sie nehmen an der modernen Geldwirtschaft so gut wie nicht teil und sind, wie alle ihre Vorfahren, fast ausschließlich mit der Erwirtschaftung ihres materiellen Lebensunterhalts beschäftigt. Diese sogenannten »Subsistenzbauern« sind zumeist auch das Ziel unserer Entwicklungshilfe.

Die rasante Vorwärtsentwicklung Mosambiks und Afrikas aber passiert in den Städten. Es ist das *urbane Afrika,* das sich in den letzten zwei Jahrzehnten verändert und einen rapiden Aufschwung genommen hat. Das urbane Afrika ist Teil der globalisierten Welt geworden, Teil des immer engmaschiger verwobenen *globalen Dorfs.* Dieses Afrika bestimmt jetzt die Entwicklung des Kontinents. Wollen wir wissen, wohin sich ein afrikanisches Land bewegt, müssen wir uns dessen städtische Bevölkerung ansehen.

Das gilt auch für unseren Einkommensvergleich. Das Einkommen der in den Städten lebenden Mosambikaner liegt weit über dem landesweiten Durchschnitt, zumindest beim Drei- bis Fünffachen. Damit erreichen die städtischen Mosambikaner ein Zehntel des Durchschnittseinkommens der Europäer. Noch immer relativ wenig, aber immerhin.

Wir müssen aber noch beachten, dass die Vermögens- und Einkommensunterschiede in einem Land wie Mosambik ungleich größer als bei uns sind. Gehen wir einmal davon aus, dass die Hälfte der städtischen Bevölkerung nochmals zumindest das Drei- bis Fünffache der anderen Hälfte verdient. Damit sind wir bei einem jährlichen Haushaltseinkommen von 7300 bis 13 700 Euro für drei bis vier Millionen Mosambikaner. Sie erreichen damit die Einkommen der süd- oder osteuropäischen Länder. Dieser Teil der Bevölkerung ist für die weitere Entwicklung des Landes bestimmend, ihn müssen wir uns ansehen, wenn wir nach der wirtschaftlichen und auch politischen Bedeutung eines Landes wie Mosambik fragen.

Die Reichen werden immer reicher, die Armen immer ärmer, ich weiß, das ist eine nicht mehr hinterfragte Annahme bei uns in Europa. Die neue Popularität eines Thomas Piketty, des »Rockstars« unter den europäischen Ökonomen, mit seinem Buch *Das Kapital im 21. Jahrhundert,* baut darauf auf. Aber nachdem ich 30 Jahre in unterschiedliche afrikanische Länder gereist bin, zeigen mir meine Erfahrungen, dass das dort so nicht stimmen kann. Die Reichen werden immer reicher, ja, die Irrwege der Finanzwirtschaft haben das ihre dazu beigetragen. Aber auch die Armen werden »reicher«. Das ist der Motor der im reichen Europa nicht zur Kenntnis genommenen Dynamik im Rest der Welt und der bei uns so viel geschmähten Globalisierung.

Drei bis vier der zwanzig Millionen Mosambikaner besitzen wirtschaftliche Kaufkraft, weiten diese derzeit rasch auf andere Teile der Bevölkerung aus und bestimmen so die wirtschaftliche Entwicklung des Landes. Genau hier setzt auch die florierende Zusammenarbeit der nicht-westlichen Länder wie China oder Brasilien an.

Neue Mittelschicht

2020 werden 124 Millionen Haushalte in Afrika für etwa 1,27 Milliarden Euro Konsumgüter kaufen, schreibt das bekannte Beratungsunternehmen McKinsey in seiner viel zitierten Studie »Lions on the move« aus dem Jahr 2010. Oje, die Afrikaner entscheiden sich für unsere schreckliche Konsumgesellschaft, denken jetzt viele bei uns. Ausbeutung am Arbeitsplatz und Umweltverschmutzung werden die Folge sein. Doch die Sicht der Afrikaner ist eine andere.

Die meisten dieser Menschen können sich erstmals frei entscheiden und ihre Lebensverhältnisse gestalten. Wo und mit wem sie leben wollen, in welchem Bereich arbeiten. Zum ersten Mal können sie sich mehr leisten als ihre Elterngeneration. Der neu gewonnene wirtschaftliche Freiraum ist ein Bruch in einer jahrhundertealten gleichförmigen Entwicklung und verändert die Gesellschaften von Grund auf. Die neu entstandene Mittelschicht hat vielen Ländern Afrikas ein anderes Gesicht gegeben.

Wir müssen uns die außerordentliche Dynamik und die Geschwindigkeit der Veränderungen in den afrikanischen Staaten bewusst machen. Als ich Anfang der 1990er-Jahre zum ersten Mal nach Mosambik reiste, beherrschten noch ausgezehrte und verarmte Menschen das Straßenbild, zerschlissene Kleider, Frauen, die in den Straßen kochten, jedermann fast ausschließlich zu Fuß unterwegs. Die heutigen Bilder könnten nicht unterschiedlicher sein. Supermärkte, Cafés, Verkehrsstaus, moderne Büro- und Einkaufszentren als die neuen Treffpunkte der afrikanischen Eliten, pompöse Diskotheken. Und natürlich eine Unzahl von Baustellen, mit ihren Behinderungen im Straßen- und auch Fußgängerverkehr, die den Bauboom im Land bezeugen. Das urbane Mosambik von heute entspricht dem Stil der globalen Wirtschaftskultur und hat mit dem Mosambik der 1990er-Jahre nur mehr wenig gemeinsam.

Bisher habe ich von Mosambik gesprochen. Doch was für dieses auch im afrikanischen Vergleich arme Land gilt, gilt schon längst für den Großteil der Länder in Afrika südlich der Sahara, dem Teil der Welt, wo wir bis vor Kurzem die größte Hoffnungslosigkeit vermutet haben.

Auch in den 49 Ländern Subsahara-Afrikas mit derzeit etwa 920 Millionen Einwohnern hat sich die Wirtschaftsleistung zwischen 2000 und 2013 im Durchschnitt knapp verdreifacht. Das jährliche Pro-Kopf-Einkommen verdoppelte sich auf 2350 Euro. Das darin miteinbezogene Mosambik kommt dabei lediglich auf die Hälfte.

Die Verdoppelung der Einkommen in den Ländern südlich der Sahara ist für sich alleine ein sehr guter Leistungsnachweis. Aber sie beschreibt nur die Spitze eines Eisbergs. Dahinter liegt ein Umbruch im Hergang der Ereignisse – ein Qualitäts- und Entwicklungssprung vor allem in den Städten. Eine gesellschaftliche Mittelschicht hat den Anschluss an die globalisierte Welt geschafft.

Afrika, der schwarze Tiger

In Afrika gibt es keine Tiger. Aber einzelne afrikanische Länder sind drauf und dran, zu Tigern zu werden. Wie einst die asiatischen Tigerstaaten Taiwan, Südkorea, Hongkong und Singapur, die in den 1980ern einen vorher nicht für möglich gehaltenen Entwicklungsschub machten, der ihr Einkommen an die Weltspitze katapultierte.

Die globale Wirtschaftsentwicklung ist nach einem bekannten Modell mit einem Zug der Fluggänse vergleichbar. Zuerst starten die stärksten Gänse und leisten Führungsarbeit, die schwächeren heben formationsweise etwas später ab und gewinnen Höhe im Windschatten der starken. So war es zunächst Japan, dessen Unternehmen in den 1960er-Jahren die Weltmärkte eroberten. Japan leistete »Führungsarbeit« indem es Arbeiten in andere Länder auslagerte, in diesen sukzessive immer mehr technologisches Know-how aufbaute und damit immer größere Anteile an den globalen Wertschöpfungsketten dorthin abwanderten. Diese zweite Reihe waren die asiatischen Tigerstaaten, die dann wichtige Führungsarbeit für die dritte Reihe, Malaysia, Indonesien, Thailand und die Philippinen leistete. Schließlich, in der vierten Reihe, hoben China – der Größe wegen natürlich ein Sonderfall –, Vietnam, Pakistan, Bangladesch und Indien ab.

Und jetzt leisten genau diese Länder zusammen mit Brasilien und einigen arabischen Ländern »Führungsarbeit« für die afrikanischen Staaten südlich der Sahara. Mittlerweile werden Teile der einfachen chinesischen Industrie nach Afrika verlagert und tragen zum dortigen Industrieaufbau bei. So investieren viele chinesische private Unternehmer derzeit in Textilfabriken, Zementfabriken, Papierfabriken, Plastikfabriken, Möbelfabriken, Lebensmittelfabriken und sonstige Baumaterialfabriken.

Dem Leser stößt es hier natürlich auf. Sie sehen Kinderarbeit, Lohndumping und krasse Umweltverschmutzung. Und tatsächlich gibt es dazu auch viele dokumentierte Fälle. Ich will keinesfalls diese Missstände oder das Aufzeigen dieser Missstände kleinreden. Im Gegenteil, es scheint mir die Pflicht der Europäer zu sein, mit ihrem humanistischen Menschenbild dagegen anzukämpfen und die Welt aktiv mitzugestalten. Aber hier geht es mir vor allem darum, die Entwicklung in einen Gesamtkontext zu stellen. Und da sehe ich, dass die Investitionen der Chinesen, Inder, Pakistaner und Brasilianer einen enorm wichtigen Beitrag zur Entwicklung der afrikanischen Länder leisten.

Schön, das Fluggänsemodell hat die Entwicklungen in Asien beschrieben. Aber wird es wirklich auch für die afrikanischen Länder zutreffen? Sind die Chinesen und Brasilianer nicht vor allem wegen der vorhandenen Rohstoffe dort? Und hat nicht einfach der Wirtschaftsboom in Asien die Preise für diese Rohstoffe in die Höhe getrieben und deswegen den Boom in Afrika ausgelöst? Wenn das so ist, besteht Gefahr, dass der Boom beim nächsten Preisverfall so schnell wieder vorbei sein wird, wie er gekommen war.

Vielfalt

»Wollen Sie mit mir ein Unternehmen gründen?«, werde ich sofort nach Betreten der Hotelhalle angesprochen. »30 Prozent für mich, ich sorge für den Zugang zu den wichtigen Leuten.« Im Jahr 2006 bin ich in Angola und stelle fest, dass diese Provisionszahlung dem dort allgemein gültigen Geschäftsmodell entspricht. Ob im Kleinen, bei einfacher Kontaktvermittlung, oder im Großen, bei der Vergabe der Ölbohrlizenzen, bei denen Hunderte Millionen von Euro bewegt werden.

In der Hauptstadt Luanda bereiten wir die Reise einer österreichischen Unternehmensdelegation vor. Am Flughafen begegnet uns noch das Afrika der 1980er-Jahre. Schmuck- und reklamelose Hallen, von grellem Neonlicht erleuchtet. Menschentrauben vor der Passkontrolle. Grimmige Grenzpolizisten. Ein quietschendes und überlastetes Gepäckband bringt uns die Koffer. Jeden einzelnen müssen wir vor den Zöllnern öffnen.

Draußen auf dem Weg zum Hotel der totale Verkehrsinfarkt, in dem sich modernste SUVs der Marken Hummer, Land Rover, VW oder Toyota gemeinsam mit den klapprigen Autos der 1970er-Jahre stauen.

Auf das Hotel sind wir vorbereitet. 320 Euro die Nacht für einfachstes Dreisterne-Niveau. Alternativen gibt es für Neuankömmlinge nicht. Die Entschädigung: Die Hotelhalle ist der wichtigste Treffpunkt zwischen den Angolanern und den internationalen Besuchern. Alle angeblich wichtigen Personen kommen hierher. Noch ist das soziale Geflecht der Hauptstadt überschaubar. Außerdem, das Land wird seit 34 Jahren von ein und demselben Präsidenten regiert. Und da herrscht das Prinzip wie im alten kaiserlichen Wien: je näher dem Ohr des Herrschers, desto mehr Macht und Einfluss.

∎

Angola ist anders. Es ist ein Land mit reichhaltigen Rohstoffvorkommen, vor allem Erdöl und Diamanten. Der Bürgerkrieg endete erst 2002. Es war damit eines der letzten Länder bei der Aufarbeitung der post-kolonialen Wirrnisse. Die alte Regel gilt: Je reicher ein Land an Rohstoffen, desto höher die Wahrscheinlichkeit für gewaltreiche Konflikte, enorme Ungleichverteilung des Vermögens, nicht funktionierende Infrastrukturen und damit wirtschaftliche Stagnation.

Das Afrika südlich der Sahara teilt Steven Radelet in seinem Buch *Emerging Africa* in vier Ländergruppen. In Anlehnung an diese Einteilung, aber aktualisiert, finden Sie einen Überblick in Tabelle 1. Angola und auch das bevölkerungsreichste Land Afrikas, Nigeria, fallen in die Gruppe der neun *Erdöl exportierenden Länder*. Dann gibt es die Gruppe der 23 *aufstrebenden Länder*, wie Botswana, Ghana, Tansania, Uganda, Äthiopien oder auch Kap Verde und Mosambik.

In der dritten Gruppe der *sonstigen Länder* befinden sich die Krisenländer. Von Somalia bis Swasiland und von der zentralafrikanischen Republik bis Simbabwe. Diese Länder repräsentieren nur mehr 8 Prozent der Wirtschaftsleistung Subsahara-Afrikas, sind aber wahrscheinlich für 90 Prozent der Schlagzeilen in den europäischen Medien verantwortlich.

Erdöl exportierende Länder:
Angola, Kamerun, Tschad, Republik Kongo (»Kongo-Brazzaville«), Äquatorialguinea, Gabun, Mauretanien, Nigeria, Sudan

Aufstrebende Länder:
Botswana, Burkina Faso, Kap Verde, Äthiopien, Ghana, Lesotho, Mali, Mauritius, Mosambik, Namibia, Ruanda, São Tomé und Príncipe, Seychellen, Südafrika, Tansania, Uganda, Sambia, Benin, Kenia, Liberia, Malawi, Senegal, Sierra Leone

Sonstige Länder:
Burundi, Zentralafrikanische Republik, Komoren, Demokratische Republik Kongo (»Kongo-Kinshasa«), Elfenbeinküste, Eritrea, Gambia, Guinea (»Guinea-Conakry«), Guinea-Bissau, Madagaskar, Niger, Süd-Sudan, Swasiland, Togo, Simbabwe, Djibouti, Somalia

Nordafrikanische Länder:
Algerien, Ägypten, Libyen, Marokko, Tunesien

Tabelle 1: Übersicht Afrikanische Länder

Es sind die beiden ersten Ländergruppen, die den Boom in Afrika begründet haben. Fast unbemerkt für uns Europäer, im medialen Windschatten der Krisenländer.

Die Erdöl produzierenden Länder standen 2013 für 40 Prozent des gesamten Wirtschaftsvolumens Subsahara-Afrikas. Sie konnten ihre Wirtschaftsleistung in Kaufkraftparitäten gemessen zwischen 2000 und 2013 knapp verdreifachen. Die aufstrebenden Länder der zweiten Gruppe sind – inklusive Südafrika – für 52 Prozent der Wirtschaftsleistung Subsahara-Afrikas verantwortlich und konnten diese in diesem Zeitraum mehr als verdoppeln.

Die Länder beider Gruppen entwickelten sich also hochdynamisch, wenn auch die dahinterstehende Struktur höchst unterschiedlich ist. Wie in Angola ist die Wirtschaft der Erdöl produzierenden Länder in der Regel eindimensional auf die Verwertung der Rohstoffe ausgerichtet. Immer geht es um den Zugang zu Bohr- oder Schürfrechten, die der Staat vergibt. Und am Staat hängen Politiker, Staatsbeamte und staatliche und halbstaatliche Unternehmen, die diesen Zugang an ausländische Interessenten möglichst teuer verkaufen.

Die Konsequenz ist zum Beispiel das angolanische Geschäftsmodell mit der dreißigprozentigen Provision. Wenn die herrschende Elite eines Landes allein mit dem Verkauf des Zugangs zu den Rohstoffen gut verdient, bleibt wenig Anreiz, in andere Wirtschaftszweige zu investieren. So müssen in Angola nach wie vor fast alle Güter und Leistungen importiert werden, lokale Produktionen gibt es so gut wie keine.

Anders die Situation in den 23 Ländern der zweiten Gruppe. Hier findet eine viel breitere wirtschaftliche Entwicklung statt, hier werden die neuen Freiräume und technischen Möglichkeiten von den Menschen genutzt. Handel, Kleinhandel, der Ausbau der Supermarktketten, handwerkliche und kleinindustrielle Produktionen, Transportunternehmen, neue mit der Mobiltelefonie verbundene Kommunikationsdienstleistungen, die Infrastrukturinvestitionen der Chinesen, die kontinentweite Expansion der südafrikanischen Unternehmen, all dies und vieles mehr steht im Wechselspiel und befruchtet sich gegenseitig.

Der Boom in Afrika wird von der Überschussnachfrage nach Rohstoffen befeuert, aber er begründet sich nicht alleine darauf. In einer 2014 veröffentlichten Studie schätzt McKinsey, dass sich etwa ein Drittel des Wirtschaftswachstums Afrikas auf die Rohstoffexploration und die damit verbundenen Staatsausgaben zurückführen lässt. Die Gruppe der 23 »aufstrebenden« Länder wächst zum Großteile ohne den Verkauf von Rohstoffen und setzt auf eine viel breitere ökonomische Basis. Und auch in einigen der Erdöl exportierenden Länder beginnt eine langsame Diversifizierung der Wirtschaftsleistung. In Nigeria, der größten Wirtschaft Afrikas stammten im Jahr 2013 nur mehr 14 Prozent der Wirtschaftsleistung aus dem Rohstoff- bzw. Erdölsektor! Selbst in Angola kommt mittlerweile ein Drittel der Staatseinnahmen von außerhalb des Ölsektors.

Im Januar 2015 spricht alles vom Erdölpreisverfall. Im letzten Jahr sind die Preise um etwa die Hälfte eingebrochen und auch andere wichtige Rohstoffpreise, zum Beispiel für Kupfer und Eisenerze, sind stark gesunken. Da Afrikas Wachstum aber nicht mehr nur rohstoffgetrieben ist, gehen Weltbank und der *Economist* weiterhin davon aus, dass die Wirtschaft Subsahara-Afrikas auch im Jahr 2015 um fünf Prozent wachsen wird.

Afrika ist jedenfalls nicht gleich Afrika. Aber eine beachtliche Zahl von Ländern stellt eine kritische Masse dar, die den Kontinent verändert hat.

Bemerkenswertes ist passiert auf dem afrikanischen Kontinent, nur wenig davon wurde in den europäischen Medien an die Öffentlichkeit getragen. Wie kam es eigentlich dazu? Welche Umbrüche und Veränderungen gaben den Anstoß? Wie war diese Entwicklung verknüpft mit den weltpolitischen Umbrüchen, dem Fall der Berliner Mauer, dem Ende des Kalten Krieges und der fortschreitenden Globalisierung unserer Lebensverhältnisse?

Tiefpunkt überwunden

Die Irrungen und Wirrungen der 1970er- und 1980er-Jahre sind bei uns bekannt. Noch heute berichten unsere Medien gerne über Idi Amin, den machthungrigen und grausamen ugandischen Diktator oder den sagenhaft reichen Sese Seko Moputu aus dem damaligen Zaire, heute Kongo-Kinshasa. Es galt das absolute Primat der Politik. Das einzige und uneingeschränkte Machtzentrum war der Präsidentenpalast des Landes.

Der Präsident glaubte sich über alles hinwegsetzen zu können, auch über die Regeln des Wirtschaftens. Damit konnten keine neuen Werte mehr geschaffen werden und der Reichtum der einen war nur mehr auf Kosten der anderen möglich.

Entweder herrschte ein aggressives Kontroll- und Regulierungsregime, das keine Freiräume für »Wirtschaften« ließ, oder es gab ethnisch oder regional motivierte Umverteilungssysteme, die zu extremer Verschwendung führten. Oder die Staatsverschuldung hatte ihre Grenzen erreicht, weitere Kredite wurden dem Land nicht mehr gewährt und das maßlose Drucken von Geld und die Inflation hatten Wirtschaften unmöglich macht. Oder es war die öffentliche Verwaltung aufgrund von Konflikten, Aufruhr und Kriegen überhaupt zusammengebrochen.

Von Uganda bis Mosambik und von Kenia bis Ghana, in fast allen Ländern des post-kolonialen Afrikas herrschte zumindest eines dieser »Syndrome« vor. Die breite Bevölkerung verarmte, ihr wurde keine Chance auf materielle Verbesserung gelassen.

Doch in einer sich zunehmend vernetzenden Welt konnte die Politik eines Landes die Regeln des Wirtschaftens auf Dauer nicht missachten. Am Tiefpunkt der Krise war die Misswirtschaft gleichzeitig der interne Auslöser für Reformen.

1983 wendete sich das Blatt zuerst in Ghana. Jahrelang hatten unterschiedlichste Präsidenten das Land wirtschaftlich ausgebeutet und ruiniert. Verstaatlichungen, Handelsbeschränkungen, Preisregulierungen, künstlich hoch gehaltene Wechselkurse, exorbitante Steigerungen der Staatsausgaben, extreme Verschuldung, maßloses Drucken neuen Geldes. Die Getreideproduktion hatte sich halbiert, ebenso die bis dahin wichtigen Kakao-Exporte. Das durchschnittliche Einkommen war um ein Drittel gesunken und zwei der damals etwa vierzehn Millionen Ghanaer waren bereits in das benachbarte Nigeria ausgewandert. Der damalige Präsident Jerry Rawlings und seine Regierung waren in die Enge getrieben. Und sie entschieden sich für eine Wiederaufbau- und Sparpolitik!

Innerhalb von drei Jahren schafften sie durch Kürzung der staatlichen Ausgaben einen ausgeglichenen Staatshaushalt. Die Inflation konnte in den Griff gebracht und Handelsbeschränkungen aufgelassen werden. Preisregulierungen wurden langsam zurückgenommen, dann viele der verstaatlichten Betriebe wieder an Private abgegeben. Den Menschen wurde ein sinnvolles Wirtschaften wieder möglich.

Nach einigen Jahren des Sparens und der Entbehrungen gelang der Umschwung. Güter, Leistungen und Einkommen vermehrten sich. Der materielle Wohlstand breiter Teile der

Bevölkerung nahm stark zu. Das durchschnittliche Einkommen stieg von 580 Euro im Jahr 1983 auf 3180 Euro im Jahr 2013, bei gleichzeitiger Verdoppelung der Bevölkerung von 12 auf 25 Millionen Menschen!

Ghana war der Vorläufer der Wende in Afrika. Uganda, Ruanda, Tansania, Mosambik, Namibia, Kap Verde und viele andere Länder folgten. In der Zeit zwischen Ende der 1980er- und Mitte der 1990er-Jahre wurden die Reformen zur Überwindung der Irrungen und Wirrungen der post-kolonialen Zeit am Kontinent eingeleitet.

Der »Stellhebel« für Veränderungen war dabei immer eine Wirtschaftspolitik, die auf eine »Wohlstandsverbesserung der Vielen« ausgerichtet war. Vertrauen und Autonomie waren und sind dabei Schlüsselgrößen. Ein langsamer Aufbau von Vertrauen in die staatliche Politik und in die Institutionen, das Rechtswesen, den Sicherheitsapparat, die Finanz- und Schuldenpolitik. Autonomie durch Schaffen von Freiraum für den einzelnen Bürger bei seinen persönlichen, wirtschaftlichen oder kulturellen Tätigkeiten.

Die Entfaltung

Praia, Kap Verde, 1982. Das senegalesische zweimotorige Passagierflugzeug hält die Flughöhe bis zum Erreichen der Insel, erst dann setzt es zum Sinkflug an und windet sich in großen Kreisen herab. Die Landung gelingt routiniert. Wir sind etwa vierzig Passagiere und warten auf unsere Koffer. Es ist heiß und schwül, die kleine mit Neonlicht beleuchtete Flughafenhalle ist stickig. Ein Ventilator an der Decke surrt, wir drängen uns um den Luftstrom. Endlich wird der Gepäckwagen hereingeschoben. Meine beiden Koffer sind zuoberst, Glück gehabt. Ich eile zum Ausgang und bin erleichtert, als ich in der

Ferne bereits ein Schild mit meinem Namen sehe und weiß, dass mich tatsächlich jemand abholt. Doch zwei Soldaten stellen sich mir in den Weg. Ich bin neu in Afrika, ich hätte wissen sollen, dass die beiden altmodischen Uniformen Zöllnern gehören. Sie nehmen mir mein gesamtes Gepäck ab und verschwinden. Es ist die Strafe dafür, dass ich die beiden nicht beachtet habe, erklärt man mir später. Ich muss warten. Als Letzten fordern sie mich dann auf, meine Koffer zu öffnen. Eine mitgebrachte Schachtel mit Medikamenten nehmen sie mir ab.

Sal, Kap Verde, 1993. Nach wenigen Jahren Abwesenheit lande ich wieder in Kap Verde. Diesmal auf dem Flughafen der Insel Sal. Wir verlassen das Flugzeug. In der Wartehalle traue ich meinen Augen nicht. Polizisten und Zöllner in strahlend weißen Uniformen vermitteln freundlich lächelnd südliche Urlaubsstimmung. Alles geht sehr schnell. Einigen kapverdischen Passagieren werden zwar mitgebrachte Radios abgenommen, aber alle bleiben gut gelaunt. Die wenigen mitangereisten Touristen werden überhaupt gleich durchgeleitet und in den Transferbus zu ihrem Hotel gesetzt.

Wer hat sich mehr verändert, frage ich mich. Meine Wahrnehmungen, weil ich mittlerweile ein routinierter Afrikareisender geworden bin, oder sind es doch diese Grenzpolizisten und Zollbeamten?

∎

In den 1970er- und 1980er-Jahren fußte das gesellschaftliche und politische Machtsystem in so gut wie allen afrikanischen Ländern noch auf alter feudaler und kolonialer Tradition. Die Obrigkeitshörigkeit der Bürger war selbstverständlich. Kritik an der Politik war keine geduldete Handlung. Ganz wichtig waren Hierarchien und die Symbole der Macht.

Kam einem auf der Straße das Auto eines Ministers oder gar des Präsidenten entgegen, wurde man von der Polizeieskorte gezwungen, in den Straßengraben auszuweichen und dort stehen zu bleiben. Legendär war die nächtliche Sperre der Straßen um den Präsidentenpalast in Harare, Simbabwe, und der Befehl an die wachhabenden Soldaten auf jeden, der diese Straße in der Nacht betrat, mit scharfer Munition zu schießen.

War der Besuch eines Gouverneurs oder sonstigen Statthalters in einem bestimmten Ort angesagt, kam dort das öffentliche und zum Teil auch private Leben zum Stillstand. Während der tagelangen Vorbereitungen wurden von den zuständigen Stellen keine Wasserleitungen oder sonstige Infrastrukturen mehr repariert oder längst fällige Baugenehmigungen ausgestellt. Bei den öffentlichen Stellen kam der Normalbetrieb zum Erliegen und man widmete sich den Vorbereitungen. »Ober sticht Unter«, die Regel war allen klar.

Private wirtschaftliche Aktivitäten gab es damals fast nur im Hinterhof, informell in einem »halb-öffentlichen« Bereich. Für den Einzelnen war es fast immer besser, in der Öffentlichkeit nicht zu sehr in Erscheinung zu treten.

Steuer- und Zollbeamte spielen in solch einer Struktur eine wichtige Rolle. Sie arbeiten nicht nur an der Schnittstelle zu den Menschen eines Landes, sie vollziehen auch die unangenehme hoheitliche Aufgabe, von diesen Gelder einzutreiben. Früher die Wegzölle, heute die Grenzzölle und Steuern. Wahrscheinlich sind Zollbeamte geschichtlich gesehen die meistgehasste Berufsgruppe. Schon in der Bibel wurden sie ja mit den Sündern in einem Atemzug genannt. Jedenfalls erscheinen mir die Grimmigkeit und der vorhandene Ermessensspielraum der Zoll- und Finanzbeamten in einem Land ein guter Indikator für den Freiheitsgrad des Einzelnen. Wenn sich Zöllner und Grenzpolizisten in Kap Verde nun plötzlich in freundlichen weißen Uniformen zeigen, zeugt das zumindest von der Fähigkeit der staatlichen Exekutive, über die eigene Rolle zu reflektieren.

Mit der Einsicht zur Notwendigkeit wirtschaftlicher Reformen vollzog sich in vielen afrikanischen Ländern innerhalb relativ kurzer Zeit eine Kehrtwende im Bewusstsein der Politik und der daran beteiligten Personen. Eine neue Generation von Ministern und Gouverneuren verzichtete auf die permanente Polizeieskorte und auf die hierarchisch überhöhte Sonderstellung. In der Öffentlichkeit trat sie zunehmend mit den Menschen des Landes in Kontakt. Private Aktivitäten und Unternehmen wurden plötzlich nicht nur geduldet, sie wurden sogar gefördert. Viele Politiker hatten erkannt, dass es ihnen selbst besser ging, wenn die Privatwirtschaft florierte. So sanken die Kosten für die Gründung eines Unternehmens in Subsahara-Afrika im Durchschnitt tatsächlich vom 1,3-Fachen eines jährlichen Einkommens im Jahr 2003 auf das 0,3-Fache. In vielen Ländern wurden »One-stop-Shops« zur Erledigung der Anmeldeformalitäten geschaffen.

Es dauerte nicht lange und die Menschen traten heraus aus der Privatheit. Ein öffentlicher Raum entstand. Plötzlich wurden Firmennamen und Logos kreiert, Hinweisschilder und Wegweiser wurden allgegenwärtig. Private Bürger suchten die Öffentlichkeit und die Aufmerksamkeit anderer, etwas, das es im Obrigkeitsstaat immer zu vermeiden galt.

Mitten hinein in diese Zeit der Entfaltung der formellen Privatwirtschaft platzte das bedeutendste politische Einzelereignis Afrikas seit der Unabhängigkeit.

Afrika 3.0

Am 11. Februar 1990 wurde Nelson Mandela aus dem Gefängnis in Südafrika entlassen. Damit war die formelle Rassentrennung endgültig Geschichte. Eine Welle der Hoffnung und des Vertrauens verbreitete sich auf dem gesamten Kontinent. Das war besonders wichtig für diejenigen Länder, die gerade die Durststrecke der wirtschaftlichen Sparprogramme zu überwinden hatten.

Dann, in Folge der glorreichen Wahl und Vereidigung Nelson Mandelas zum ersten schwarzen Präsidenten Südafrikas im Jahr 1994, war die Revitalisierung der afrikanischen Länder nicht mehr aufzuhalten. Die politische Wende in Südafrika und Nelson Mandelas Aufstieg zum anerkannten Staatsmann wirkte als ein wichtiger Katalysator.

Es mag Zufall gewesen sein, dass die Freilassung Nelson Mandelas nur wenige Monate nach dem Fall der Berliner Mauer erfolgte. Aber die Geschehnisse in Südafrika und die Wende in Afrika insgesamt standen in enger Wechselwirkung mit dem weltpolitischen Geschehen. Es war die Zeit des Zerfalls der Sowjetunion und der Beendigung des Kalten Kriegs. Dies beendete in vielen afrikanischen Ländern die unglückseligen Versuche zentralistisch-planwirtschaftlicher Politik und vor allem die blutigen Stellvertreterkriege in Mosambik und Angola. Zusätzlicher Freiraum für Wirtschaft und Gesellschaft entstand.

Wenn das koloniale Afrika die erste bestimmende Phase der Neuzeit war, war die post-koloniale Zeit eine zweite. Diese musste zwangsläufig Bezug auf die Kolonialisierung, Entrechtung und Unterdrückung nehmen.

Afrika 3.0 könnte man heute das Afrika nennen, in dem sich seine Bewohner nicht zuallererst als Opfer der Kolonialisierung sehen. Sie nehmen sich wahr als Teil des globalen

Dorfs, das sie mitgestalten. Dazu mussten aber erst einmal die auf der Ideologie des Freiheitskampfes beruhenden Unrechtsregime überwunden werden. Und dafür musste sich auch die Welt außerhalb Afrikas verändern.

Angedockt

Wollte der heute 55-jährige António Freire in seiner Jugend auf Kap Verde Obst essen, machte er sich frühmorgens auf und ritt auf seinem Esel zu seiner kleinen, wenige Kilometer entfernt gelegenen Plantage. Dort erntete er Papayas, Bananen oder, wenn die Jahreszeit die richtige war, Mangos. Herr Freire war einer der wenigen in seinem Ort, dem es gelungen war, einen bewässerten Gemüse- und Obstgarten zu betreiben. Wasser war immer knapp, gab es auf seiner Plantage aber grundsätzlich das ganze Jahr über. Außer in den Jahren der Dürre in der Sahelzone, wenn es zu wenig regnete und viele Brunnen und Quellen in der Trockenzeit versiegten. Dann hatte es früher monatelang nicht nur kein Obst, sondern überhaupt wenig zu essen gegeben.

Heute geht Herr Freire ums Eck in den Supermarkt und kauft sich einen Apfel.

■

Die Welt ist eine andere geworden. Um den Apfel in ein Verkaufsregal auf den Kapverdischen Inseln zu bekommen, leisten Hunderte, wahrscheinlich Tausende Menschen einen Beitrag. Sie alle bedienen damit auch Herrn Freire auf den Kapverdischen Inseln, dem westlichsten Punkt Afrikas.

Da ist zunächst der Obstbauer in Südafrika. Oder in Neuseeland. Oder auch in Deutschland oder Österreich. Er steht in engem Kontakt mit der Obstzuchtindustrie, die immer neue und bessere Sorten kreiert. Gemeinsam mit wissenschaftlichen Instituten und Berufsschulen. Dann gibt es die Lieferanten und Betreiber der speziellen Lager- und Kühlhäuser. Lebensmitteltechniker, Chemiker, Kühlaggregathersteller. Die weltumspannende Transportlogistik, hochkomplex, schnell und günstig. Kühlcontainer auf Straße, Schiene, Schiff und Flugzeug. Internationale Spediteure. Reedereien. Hafenanlagen, Entladeorganisationen. Staatliche Zollbehörden, die Lebensmittelaufsicht. Lokale Transportunternehmen. Dann die Supermarktkette, mit strikt durchorganisiertem Einkauf. Schließlich die Filiale, mit der freundlichen Verkäuferin und dem freundlichen Kassierer. Nicht zu vergessen die Finanzierungs- und Versicherungsseite, Banken für die Betriebsmittelkredite und Versicherungen gegen das Risiko von Ernteausfällen, Transportschäden oder sonstigen Unfällen. Die Liste ließe sich fortsetzen.

In den letzten 20 Jahren wurden über tausend neue Supermärkte in den Klein- und Großstädten Afrikas errichtet. Genauso wie die deutschen und österreichischen Supermarktketten in Ost- und Südosteuropa expandierten, eroberten die südafrikanischen Ketten Shopright, Pick'n Pay und Massmart zunächst die Länder des südlichen Afrikas und dann den Osten und Westen des Kontinents. Ihr Angebot ist unterschiedlich, in vielen Fällen steht es dem europäischen aber nicht nach.

Diese Supermärkte sind das gut sichtbare Zeichen für den Anschluss der erfolgreichen afrikanischen Länder an die globalisierte Welt. Diese Länder sind jetzt Teil des weltumspannenden wirtschaftlichen Netzwerks mit all seinen Kooperationen, gegenseitigen Verflechtungen und Abhängigkeiten.

Das globalisierte Weltwirtschaftssystem ist der erste Faktor, der die afrikanischen Länder von außen her veränderte.

Eingeloggt

»Wissensgesellschaft« nannte der in Österreich geboren und als Amerikaner berühmt gewordene Managementdenker Peter Drucker bereits in den 1960er-Jahren seine Vision der sich entwickelnden Welt. »Es wird keine unterentwickelten Länder mehr geben, nur noch schlecht gemanagte«, war seine Schlussfolgerung. Denn mit dem Zugang zu Wissen gibt es grundsätzlich keine Ausreden mehr für schlechte Politik.

Die politischen Reformen und die Wende in der Wirtschaftspolitik in vielen afrikanischen Ländern haben Peter Drucker eindrucksvoll bestätigt.

»Liberia ist kein armes Land, eher ein reiches, das schlecht gemanagt wurde«, sagt Ellen Johnson Sirleaf, die Präsidentin des kleinen afrikanischen Landes heute.

Eine Wissensgesellschaft ist eine »Gesellschaft der Organisationen«. Denn unterschiedlich spezialisierte »Wissensarbeiter« müssen *organisiert* werden, wenn sie gemeinsam Leistungen erbringen sollen. In den USA entstanden die ersten »Wissensorganisationen« Anfang des 20. Jahrhunderts. In Europa nach dem zweiten Weltkrieg. In Afrika in den letzten zwanzig Jahren.

»Die Gesellschaft der Organisationen« hat vieles verändert. All die Menschen, die heute ihr Spezialwissen gemeinsam mit anderen Experten einsetzen, um Agrarforschung zu betreiben, Marketingkampagnen zu erfinden oder Innovationsstrategien umzusetzen, unterscheiden sich in einem Punkt ganz grundlegend von den Bauern und handwerklichen Arbeitern: Sie brauchen Freiraum und Autonomie in ihrem beruflichen Tun.

Der Beitrag, den sie für ihre Organisation leisten, hängt ganz von ihnen ab und den bestimmen sie. Einer spezialisierten Chemikerin in einem Labor für Shrimpszucht kann nicht von Nicht-Fachleuten vorgegeben werden, wie sie ihre Analysen anlegt, einem Spezialisten für Demoskopie in einem Beratungsunternehmen kann nicht vorgeschrieben werden, wie er seine Erhebungen zur Bekanntheit einer bestimmten Marke konzipiert.

In der traditionellen Industrie müssen sich die Menschen an das Unternehmen anpassen. Wissensarbeiter aber organisieren selbst ihren Arbeitsplatz und damit die Organisation, für die sie arbeiten. Und wer Autonomie im Berufsleben gewohnt ist, will diese auch in seinem privaten oder politischen Leben. Wenn viele solche Menschen zusammenkommen, ist die Ära des »Big Man« als politischer Führer vorbei.

Viele afrikanische Länder haben sich »eingeloggt« in die globale Wissensgesellschaft. Das war der Grundstein zur Schaffung der afrikanischen Mittelschicht und dies ist das zweite wichtige Element, das die afrikanischen Länder von außen her veränderte.

Generation Y

Praia, Kap Verde, 2011: »Ist das möglich?«, fragte ich ungläubig. Soeben wurde bekannt, dass Frau Jeiza Barbosa den altgedienten Pedro Delgado als Generaldirektor für Raumplanung im kapverdischen Ministerium ablösen wird. Für alle überraschend hat die zuständige Ministerin die in Portugal zur Bauingenieurin ausgebildete Dreißigjährige in diese verantwortungsvolle Position befördert.

Schon drei Tage später haben wir ein erstes gemeinsames Arbeitstreffen. Frau Barbosa leitet die Sitzung, Punkt für Punkt werden die Inhalte abgearbeitet und die »To-dos« festgehalten, das Protokoll verfasst sie selbst am Notebook.

Ein Zeitensprung. Der alte Generaldirektor hatte uns immer wieder endlos auf den Sitzungsbeginn warten lassen, das übliche Unterwerfungsritual, Inhalte wurden chaotisch diskutiert, Erledigungen und Verantwortlichkeiten nie klar festgehalten, Aufgaben nie delegiert. Wie in obrigkeitshörigen Systemen üblich, lag der Engpass für eine erfolgreiche Arbeit zumeist beim Chef der jeweiligen Institution.

■

In vielen afrikanischen Ländern rückt jetzt die »Generation Y« in wichtige Führungspositionen auf. Zu dieser Gruppe werden die zwischen 1980 und 1995 Geborenen gezählt. Sie sind nun sowohl im Staatsdienst als auch in der Privatwirtschaft tätig. Die afrikanischen Länder sind damit um einiges früher dran als die europäischen. Das liegt in der Logik sich schnell verändernder Gesellschaften begründet, wo die Kluft zwischen den gut ausgebildeten Jungen und den Älteren viel größer ist.

Die Menschen der Generation Y unterscheiden sich bei uns wie in Afrika in einem Punkt ganz wesentlich von ihrer Vorgängergeneration: Die neuen Kommunikationstechnologien sind ihre gemeinsame Jugenderfahrung. Die Einführung des Satelliten-TVs, des Computers, des Mobiltelefons, des Internets und des E-Mails.

Um sich die neuen Dynamiken in Afrika zu erklären, muss man sich diesen besonders gewaltigen Entwicklungssprung vor Augen führen. Während die Eltern der Generation Y in der Regel noch ohne Fernsehen und zumeist abgeschieden auf dem Land aufgewachsen waren, ihr Erfahrungshorizont das Dorf war, sie höchstens ein- oder zweimal im Jahr die nächstgelegene Stadt besuchten, hatten ihre Kinder plötzlich die gleichen bestimmenden Jugenderfahrungen wie die Kinder Europas. Sie waren beim Fall der Berliner Mauer live dabei. Auch beim Elfmetertor von Andreas Brehme zum Eins-zu-Null-Sieg Deutschlands im WM-Finale gegen Argentinien im Jahr 1990. Und bei den ferngesteuerten Raketen im amerikanischen Feldzug gegen Saddam Hussein im ersten Irak-Krieg im selben Jahr.

Genau diese gemeinsamen Erfahrungen sind die entscheidende Basis für die Kommunikation mit der Welt. In Wirtschaft, Politik, Kultur und Sport. Auch in jeder Bar in jedem noch so verlassenen Dorf irgendwo in Afrika. Fußballexperten wissen, was ich meine.

Und diese gemeinsamen Erfahrungen waren ein wichtiger Schritt zur Synchronisation der afrikanischen Länder mit der Weltgesellschaft. Man sagt, dass im 20. Jahrhundert mit dem Aufstieg des Autos zum Massenverkehrsmittel und dem Aufkommen des Massenflugverkehrs der *Raum* überwunden wurde. Die neuen Kommunikationstechnologien lassen uns nun auch dieselbe *Zeit* und damit dieselben Geschichten gemeinsam erleben.

Kommunikationsgesellschaft

Globale Arbeitsteilung, Wissensgesellschaft und die neuen Kommunikationstechnologien. Das sind die drei Elemente, die Afrika von außen veränderten. Oft innerhalb von nur einer Generation wurden damit die afrikanischen Gesellschaften in die moderne Welt katapultiert.

Das Satelliten-TV wurde in den späten 1980er-Jahren eingeführt, als das Fernsehen in vielen afrikanischen Ländern noch keine landesweite Bedeutung hatte. Man folgte Europa in einem Zeitabstand von wenigen Jahren. Die Verbreitung der Computer und dann der Mobiltelefonie und des Internets folgten dann in viel kürzeren Abständen. Und heute werden die neuesten Modelle der Smartphones nur noch wenige Monate später als in Europa »gelauncht«.

2014 hatte das Afrika südlich der Sahara mit etwas mehr als 900 Millionen Einwohnern etwa 635 Millionen Mobiltelefonanschlüsse. Das ist aber nur ein Zwischenstand einer steilen S-kurvenförmigen Entwicklung, deren Plateau die fast vollständige Abdeckung des Kontinents sein wird. Schon 2019 wird mit 930 Millionen Mobilfunknutzern gerechnet und drei Viertel davon werden ihr mobiles Internet für völlig neuartige Dinge verwenden.

Ein Anschluss an das Mobiltelefonnetz ist mittlerweile für den Einzelnen genauso wichtig wie ein Wasseranschluss. Kommunikation und soziales Eingebundensein sind Grundbedürfnisse wie die physiologischen Bedürfnisse nach Nahrung und Schlaf. Die Menschen in Subsahara-Afrika geben dafür durchschnittlich 5 bis 8 Euro im Monat aus. Auch die, die weniger als 60 Euro im Monat zur Verfügung haben.

Die Mobiltelefonie hat nicht nur einen Entwicklungsschub ausgelöst, sie hat auch die afrikanischen Länder mit einem Schlag zur Avantgarde moderner Kommunikation auf der Welt gemacht. Gerade weil die Festnetztechnologie einfach übersprungen wurde, entwickeln sich die neuen innovativen Dienstleistungen besonders schnell und mit ihnen auch das neue Sozialverhalten.

Zuerst war es einfach das Telefonieren, das besonders in Ländern mit schlechter Verkehrsinfrastruktur ganz neue Möglichkeiten schuf: Den notwendigen Krankenwagen aus der nächsten Stadt rufen. Den frischen Fisch zu genau dem Markt in der Stadt zu bringen, wo er nachgefragt wird. Genau den Facharzt zu konsultieren, der für ein bestimmtes Krankheitsbild notwendig ist.

Dann revolutionierte die einfache Sprachnachricht das Privat- und Geschäftsleben. Termine wurden in archaischen

Gesellschaften ja immer flexibel vereinbart. Bei Sonnenaufgang, nach der Morgenjause, am Nachmittag, oder wie auch immer. Doch plötzlich war es möglich, genauso flexibel in der Vereinbarung zu bleiben und gleichzeitig aber Wartezeiten zu vermeiden und die gewünschte Person tatsächlich zu treffen. Ein gewaltiger Produktivitätsschub entstand.

Sodann kamen die neuen Dienste auf. Es war eine genial einfache Idee: Transferiere das Guthaben deines Wertkartenhandys und bezahle damit für deinen täglichen Einkauf. Das war der Start ins *mobile Bankwesen*. Die »Bank« *M-Pesa* ist mittlerweile länderübergreifend tätig und nützt vor allem Menschen unterer Einkommensschichten. Die wichtigsten Geldgeschäfte werden über das Mobiltelefon getätigt, Überweisungen zur entfernten Familie, automatische Bezahlung der Wasser- und Stromrechnungen, Bezahlung am Kiosk, Sparkonten, Kreditvergaben. *M-Pesa* ist zum Schmieröl der Tätigkeiten der Klein- und Kleinstunternehmer in Afrika geworden. In Kenia wird sage und schreibe ein Drittel des Bruttoinlandsprodukts bereits über *M-Pesa* abgerechnet.

Und jetzt das mobile Internet. Genauso wie die Festnetztelefontechnologie übersprungen wurde, werden jetzt auch die Desktop-Computer und die stationären Internetseiten einfach ausgelassen. Die neuen Billig-Smartphones sind der unmittelbare und direkte Zugang zur Welt.

Der vorhandene ganz grundlegende Bedarf nach Informationsdienstleistungen und die neuartigen Möglichkeiten der mobilen Internettechnologie haben vor allem in Ostafrika zu weltweit einzigartigen Innovationen geführt. *M-Farm* gibt Bauern einen direkten Zugang zu Marktpreisinformationen. *iCow* gibt ihnen wichtige Informationen und Tipps rund um die Rinderzucht. Diese App soll das Einkommen ihrer »User« um fast die Hälfte erhöht haben. *MedAfrica* informiert über Krankheiten und Medikamente und verringert die in ländlichen Gebieten komplizierten Anreisen zu Arztbesuchen. *Shop Soko* ist eine einzigartige Verkaufsplattform, die kleinen handwerklichen Schmuckdesignern die Möglichkeit gibt, ihre Erzeugnisse weltweit zu vermarkten. Von jedem Winkel des Landes aus stellen sie die mit ihrer Mobiltelefonkamera aufgenommenen Fotos ins Netz und erhalten im Verkaufsfall ihr Geld über dasselbe Mobiltelefon.

Weiter in die Zukunft weisen *BitPesa* und *Solvesting*. Ersteres tauscht und verkauft die Währung *Bitcoin* in Ghana, Kenia, Tansania und Uganda. Das zweite Vorhaben ist eine Finanzierungsplattform, die traditionelle Banken mit Mikrokreditinstitutionen verbindet und einen Finanzierungszugang für kleinere Unternehmen schafft.

Silikon Savannha wird die Szene in Nairobi mittlerweile genannt, in deren Mittelpunkt das Innovationszentrum *iHub* mit 16 000 Mitgliedern steht. Ostafrika ist mit Kenia, Tansania und Uganda das pulsierende Zentrum der *mobilen Revolution*, die heute für eine eigenständige afrikanische Entwicklung steht. Die Weltbank listet ähnliche Start-up-Szenen aber auch in mittlerweile 26 weiteren afrikanischen Ländern auf.

Hier verstärken sich Wissens- und Kommunikationsgesellschaft gegenseitig. Es sind vor allem die Zugänge, die alles verändert haben. Zugänge zu Information, Suchmaschinen, Technologien, Wissen und zu Menschen irgendwo auf der Welt, die an ähnlichen Dingen interessiert sind.

Während die neuen Supermärkte Afrikas das Zeichen für den Anschluss an die globale Arbeitsteilung sind, die Gesellschaft der Organisationen das Zeichen für den Anschluss an die Wissensgesellschaft, sind die allgegenwärtigen Smartphones heute das Zeichen für die Teilhabe des urbanen Afrikas an der weltumspannenden Kommunikationsgesellschaft.

Die einzelnen afrikanischen Länder sind damit fixer Bestandteil des komplex vernetzten und verflochtenen Weltsystems. Ihre Bürger streben nach wirtschaftlicher Entwicklung und materiellem Wohlstand. Es gibt kein Zurück.

Kein Zurück? Was ist mit all den gewaltsamen Konflikten, Terrorattacken und Kriegen? Kommt nicht fortwährend irgendwo in Afrika ein neuer Konflikt auf und breitet sich dann wie ein Flächenbrand aus? Setzt sich irgendwo einmal diese Gewaltspirale in Gang, ist es schnell vorbei mit dem Boom. Ist Afrika da nicht noch viel zu unberechenbar?

Ende der Gewalt

»Der Frieden ist vorbei«, titelt die *taz* am 22. Oktober 2013. »Jetzt wird wieder gekämpft.« Nachdem es in den letzten Monaten in Mosambik eine Handvoll Überfälle von Leuten der Oppositionspartei RENAMO gegeben hat und Menschen dabei ums Leben gekommen sind, hat am Tag zuvor die Armee des Landes den Posten der RENAMO im Gliedstaat Sofala gewaltsam geräumt. Die RENAMO hat daraufhin das Friedensabkommen aufgekündigt und einige ihrer Kämpfer haben eine Polizeistation angegriffen. Unter #*Mozambique* und #*RENAMO* gehen seitdem auf Twitter minütlich Meldungen ein, Journalisten schreiben vom Ende des 21-jährigen Friedens, Konfliktbeobachtungsdienste melden das Wiederaufflammen des Bürgerkriegs, NGOs sehen die Kinder und Frauen des Landes bedroht.

»Die Mosambikaner sollen 21 Jahre erfolgreichen Wiederaufbau und wirtschaftliche Entwicklung aufs Spiel setzen?«, fragt mein Gegenüber. Und gibt sich gleich selbst die Antwort: »Nie im Leben!« Wir sitzen im Sabores, einem soeben eröffneten Restaurant in Maputo, der Hauptstadt Mosambiks. Das Restaurant ist gut gelegen zwischen den Bürokomplexen des neuen Geschäftsviertels. Das gut 200 Personen fassende Lokal wäre eine Bereicherung für jeden modernen Stadtteil in Europa. Modisch gekleidete Geschäftsleute, die neue Mittelschicht, vermischt mit europäischen, amerikanischen und chinesischen »Expats«. Niemand sieht auch nur im Entferntesten besorgt aus.

■

Es gibt nach wie vor Konflikte und Gewalt auch in erfolgreichen afrikanischen Ländern. Aber wie wir diese im Westen wahrnehmen, was wir daraus machen, hat mit der Realität oft wenig zu tun.

Im Jahr 2000 sah Robert Kaplan in seinem Buch *The Coming Anarchy* voraus, dass die afrikanischen Länder in einem immer tieferen Morast von Gewalt und Kriegen versinken werden. »Völkermord in Ruanda, Hungersnot in Äthiopien, Diamantenkrieg in Sierra Leone – ganz Schwarz-Afrika droht in den Sog von Gewalt und Chaos gezogen zu werden«, meinte noch 2003 Peter Scholl-Latour in seinem Buch *Afrikanische Totenklage*. Was für eine undifferenzierte Betrachtung und was für falsche Schlussfolgerungen.

Tatsächlich hat die Zahl der kriegerischen Auseinandersetzungen stark abgenommen. Waren es Anfang der 1990er-Jahre noch 30, gibt es derzeit sieben gewaltsame Auseinandersetzungen.

Dagegen ist die Zahl demokratisch organisierter Staaten dramatisch gestiegen. Nur drei der damals 53 Staaten konnten Anfang der 1990er-Jahre als Demokratien bezeichnet werden, heute sind es laut einer Aufstellung des *Economist* 25 Länder. Weitere 22 Länder halten in der einen oder anderen Form nicht ganz perfekte Wahlen ab. Nur mehr Eritrea, Swasiland, Libyen und Somalia haben noch kein verfassungsrechtliches Mehrparteiensystem.

Und immer wieder lohnt sich ein genauerer und differenzierterer Blick auf das Geschehen in den einzelnen Ländern. So auch in Mosambik.

1992 endete der siebzehnjährige Bürgerkrieg. Die Rebellengruppe RENAMO, unterstützt zunächst von Rhodesien, dann von der Apartheidsregierung Südafrikas, kämpfte gegen die Regierung der damals marxistischen FRELIMO. Der Krieg ging nicht nur wegen der fehlenden ausländischen Unterstützung zu Ende, die mit dem Ende des Kalten Krieges verebbte, sondern auch aus reiner Erschöpfung und Auslaugung. Grausamkeiten gab es viel zu viele.

Das ist jetzt über 22 Wiederaufbau- und Boom-Jahre her. Die FRELIMO hat sich mittlerweile als politische Partei den neuen Gegebenheiten eines modernen Staatswesens angepasst. Staatspräsident Filipe Nyusi hat sein Amt soeben von seinem Vorgänger Armando Guebuza geordnet übernommen, dieser zwei Legislaturperioden davor von Joaquim Chissano. Die Partei entsendet politische Profis und Fachleute in die Regierung.

Der RENAMO ist es dagegen nie gelungen, eine gestaltende politische Kraft zu werden; einige ihrer Leute wurden anfänglich als Bürgermeister gewählt, heute boykottiert sie die Wahlen. Die Partei schloss sich selbst von der Mitgestaltung des Landes aus. Nach 22 Friedensjahren ist der autoritär agierende Parteichef derselbe wie zu Kriegszeiten. Afonso Dhlakama konnte sich den neuen Gegebenheiten nicht anpassen und hat die Partei und sich selbst ins Abseits geführt. Politisch spielen er und seine Partei so gut wie keine Rolle mehr.

Das anachronistische Verhalten dieses früheren »Big Man« ist ein Symbol dafür, wie sich Afrika verändert hat. Während allein in Mosambik Millionen von Menschen geschäftig ihren Arbeitsalltag verrichten, abends die Einkaufszentren stürmen, immer mehr internationale Geschäfte in den Glaspalästen der Hauptstadt abgeschlossen werden, der moderne Jetset längst Einzug gehalten hat, monatlich neue Straßen, Häfen, Eisenbahnlinien oder Flughäfen eröffnet werden, zieht sich ein alternder Kriegsherr mit einigen hundert altmodisch ausgerüsteten Kämpfern in den Busch zurück.

Den Bürgerkrieg im alten Stil, den die *taz* im Oktober 2013 heraufziehen gesehen hat, wird es nicht mehr geben. Im schlimmsten Fall könnte eine moderne Terrorbewegung das Land destabilisieren. Dies gilt aber auch für jedes andere Land auf der Welt und diese Gefahr ist tatsächlich für Mosambik nicht auszuschließen. Doch die alten Kriegsherren wären dazu alleine nicht mehr in der Lage, deren Zeit ist längst abgelaufen.

Der Umbruch in Afrika hat viel mit der Zeitenwende zu tun, die wir auch im Westen erleben. Francis Fukuyama nannte sie in seinem berühmten Artikel im Jahr 1989 das »Ende der Geschichte«. Gemeint war, dass mit dem Zusammenbruch des Kommunismus auch der Wettstreit der Ideologien zu Ende ging, Ideologien die uns Geschichte einzig als Kampf und Krieg um Ideen und Macht verstehen ließen.

Die Befreiung von diesen Ideologien ermöglicht uns erstmals einen Blick auf die Entwicklung des Menschen selbst, auf das Individuum. Dieser Blick allein hat Afrika verändert. Das Zeitalter der Individualisierung hat auch auf diesem Kontinent längst begonnen.

Marktwirtschaft und Demokratie haben die Voraussetzungen dafür geschaffen. Sie haben eine neue Qualität der materiellen Versorgung, der Staatsleistungen, des gesellschaftlichen Zusammenlebens und den Anschluss an die globalisierte Weltgesellschaft gebracht. Weniger Gewalt und weniger Kriege sind und sollten auch zukünftig die Folge sein.

Was kommt aber mit den dramatisch steigenden Bevölkerungszahlen auf uns zu? Die positiven wirtschaftlichen und politischen Entwicklungen vermindern die Kindersterblichkeit und erhöhen die Lebenserwartung. Ein Land wie Nigeria hatte 1980 noch 68 Millionen Einwohner, 2014 waren es 177 Millionen, für 2030 werden 260 Millionen prognostiziert. Äthiopien hatte 35 Millionen, 2014 waren es 96 Millionen, 2030 sollten es 130 Millionen sein. Kann dies die weitere positive Entwicklung infrage stellen?

Jung und dynamisch

»11 Kinder, 5 Jungen und 6 Mädchen, drei davon sind gestorben«, antwortet Minga Tavares auf die Frage nach der Anzahl ihrer Kinder. »Sieben Kinder, sechs leben noch«, die Antwort ihrer Freundin. Mit wenigen Ausnahmen haben alle Frauen, denen ich in den 1980ern auf den Kapverdischen Inseln begegne, zwischen sieben und zwölf Kinder. Zumeist waren ein oder zwei davon wegen fehlender medizinischer Versorgung früh verstorben.

Die meisten dieser Kinder haben dann eine der neu erbauten Schulen besucht, manche eine höhere Schulbildung abgeschlossen. Mit einigen habe ich eng zusammengearbeitet. Viele von ihnen sind dann in die Hauptstadt gezogen und haben eine Arbeit angenommen. Die Folge: Die Frauen derjenigen Familien, bei denen der Mann oder die Frau einem formellen Beruf nachgeht, haben ein, zwei, höchstens aber vier Kinder zur Welt gebracht.

Die Gleichung ist so einfach wie simpel. Und trotzdem wurde sie erst spät von den zuständigen Institutionen erkannt: Wirtschaftlicher Wohlstand bedeutet das Ende des Bevölkerungswachstums.

Noch in den 1980er-Jahren versuchte die UN mit der Verteilung der Antibabypille und sonstiger »Familienplanung« gegen die damals erwartete Bevölkerungsexplosion anzukämpfen. Eine Weltbevölkerung von mindestens 25 Milliarden Menschen war prognostiziert. Man dachte nicht im Entferntesten daran, die Erfahrungen des Westens auf die Länder Afrikas umzulegen. Es war einfach nicht vorstellbar, dass diese Länder einmal ein ganz normaler Teil des politischen, wirtschaftlichen und gesellschaftlichen Lebens auf unserem Planeten werden« sollten.

Heute rechnet die UN in ihren realistischen Szenarien mit einer maximalen Weltbevölkerung zwischen 8,4 und 10,9 Milliarden Menschen. Bereits ab 2050 könnte die Gesamtzahl der Erdbewohner zurückgehen. Die Bevölkerung Afrikas von 1,1 Milliarden Menschen im Jahr 2014 wird allerdings bis 2050 noch auf 2,1 bis 2,7 Milliarden Menschen wachsen. Während die Bevölkerungszahlen auf allen anderen Kontinenten bereits abnehmen.

Was bedeutet mehr Bevölkerung für Afrika?

Es sind zwei Phänomene, die dieses Bevölkerungswachstum nicht nur nicht negativ, sondern sogar positiv für die weitere Entwicklung machen. Erstens, trotz des weiteren Anstiegs der Bevölkerung bekommen die Frauen schon heute immer weniger Kinder. Die Zahl der Alten steigt zunächst nur langsam. Die jetzige und die nächste Generation der arbeitsfähigen Menschen haben damit relativ weniger Kinder und weniger Alte zu versorgen. Diese sogenannte »demografische Dividende« kommt den wirtschaftlich gut aufgestellten afrikanischen Staaten zugute und erhöht letztlich das individuelle Einkommen.

Zweitens wird ein immer größerer Teil der Bevölkerung in der Stadt leben, ein immer geringerer auf dem Land. Heute sind es 40 Prozent der Menschen in Afrika, die in der Stadt leben, 2030 sollen es 50 Prozent sein. Die zunehmende Urbanisierung wird einen Produktivitätsschub auslösen, da die Produktivität in den Städten größer ist. Auch Neuankömmlinge werden in den informellen oder formellen Wirtschaftskreislauf eingebunden, traditionell als Arbeiter, im derzeit boomenden Klein- und Mittelbetriebssektor, im innovativen Telekom-Sektor oder auch in der formalisierten Konzern- und Verwaltungswelt. Gleichzeitig startet in vielen Ländern in der Landwirtschaft erst jetzt das Zeitalter der Mechanisierung und Automatisierung. Immer weniger Menschen werden dann immer mehr an Nahrungsmittel produzieren.

Der derzeit einsetzende Rückgang des Bevölkerungswachstums und die Urbanisierung sind zwei Einmaleffekte, die auf den anderen Kontinenten schon verbraucht wurden. Sie werden in Afrika den Aufbau materiellen Wohlstands in den nächsten Jahren noch verstärken. Afrika hat derzeit im Vergleich zu den anderen Kontinenten die günstigsten demografischen Voraussetzungen für einen weiteren wirtschaftlichen Erfolg.

Auf den Punkt gebracht heißt das: Eine kritische Masse der Länder Afrikas hat die Wirren der Entkolonialisierung überwunden. Das urbane Afrika bestimmt die weitere Entwicklung des Kontinents und hat endgültig bewiesen, dass in einer globalisierten Welt wirtschaftliche Entwicklung an jedem Ort der Welt möglich ist. Die aufstrebenden Länder des Kontinents sind längst Teil der globalen Arbeitsteilung und Wertschöpfungsketten. Die Wissensgesellschaft und mit ihr eine neue Mittelschicht sind zu bestimmenden Größen aufgestiegen. Die Kommunikationsgesellschaft ist dabei wichtiger Verstärker. Innovative Anwendungen der neuen Kommunikationstechnologien haben geholfen, den Engpass fehlender Infrastrukturen zum Teil auszugleichen, und werden mittlerweile in einigen ostafrikanischen Ländern weltweit führend entwickelt. Das alles passiert vor dem Hintergrund, dass Afrika die derzeit jüngste und dynamischste Bevölkerung aller Kontinente besitzt.

Wie aber war es möglich, dass die europäische Öffentlichkeit so wenig vom Boom in Afrika mitbekommen hat? Und was sagt das Nicht-Wahrnehmen einer wichtigen wirtschaftlichen und weltpolitischen Entwicklung eigentlich über die europäische Befindlichkeit aus?

2 · Der abgehängte Kontinent

»Entschuldigung für die Verspätung!«, keucht Maria Tavares. Während sie mit der rechten Hand die Tür hinter sich zuzieht, wirft sie mit der linken routiniert ihre Tasche auf den dafür bestimmten Platz neben dem Schreibtisch und beginnt Laptop, Kabel und Papiere herauszuholen. Dabei fällt mir auf, sie hat sich tatsächlich die Computertasche von Tumi gekauft, die ich ihr letztens empfohlen hatte. Viel zu teuer, aber dafür unglaublich haltbar. Und vor allem versperrbar. Bei Flügen mit kleineren Maschinen muss ja auch das Handgepäck eingecheckt werden.

Jetzt hat Maria die gesuchten Dokumente gefunden und kommt damit zu mir zum kleinen Besprechungstisch. Die Sekretärin schaut herein, wir bestellen zwei Tassen Kaffee.

»Ich wollte Sie gestern Abend noch anrufen, aber dann hatte mein Flieger Verspätung und ich bin erst nach Mitternacht heimgekommen. Heute Morgen musste ich kurzfristig bei der Klassenlehrerin meiner Tochter vorsprechen. Mein Mann hat das im letzten Moment an mich abgegeben: In seiner Firma wird gerade das EDV-System umgestellt und jetzt stehen alle Kopf. Aber bitte, lassen Sie uns beginnen!«

An diese Besprechung kann ich mich noch gut erinnern, obwohl sie schon knapp zehn Jahre her ist. Obwohl sie inhaltlich überhaupt nichts Besonderes, sondern eine ganz normale Unterhaltung über den Ausbau der Wasserversorgung in einer Provinz war. Aber als ich österreichischen Freunden zufällig davon erzählte, konnten sie es nicht glauben. Der Grund war nicht das Meeting, sondern das Setting.

Ja, Maria Tavares war Abteilungsleiterin im Bautenministerium. Allerdings nicht in Wien, Berlin, Bern oder Lissabon, sondern in Maputo, der Hauptstadt Mosambiks im südlichen Afrika. In einer Region, die damals noch als Herd der Armut galt, und wo meine österreichischen Freunde so ziemlich alles vermutet hätten, nur keine EDV-Systeme, kein Internet und keine erfolgreiche Abteilungsleiterin mit der Doppelbelastung von Beruf und Familie.

Mehr als hundertmal bin ich von Arbeitsreisen aus Mosambik, Südafrika, Simbabwe, Angola, Tansania, Kenia, Uganda, Äthiopien, Kap Verde und anderen afrikanischen Ländern nach Europa zurückgekehrt, und jedes Mal, wenn ich davon erzählte, was ich dort gemacht hatte, wurde ich mit einem ungläubigen Blick gemustert. Denn sobald Deutsche, Österreicher oder Schweizer das Wort »Afrika« hören, stellen sie sich eine andere Welt vor, als die, von der ich berichte. Es ist, als ob beim Stichwort »Afrika« automatisch ein Film im Kopf meiner Gesprächspartner ablaufen würde. Ein Film über einen armen, krisenbehafteten, abgehängten Kontinent.

Wie nimmt nun Europa die neue Rolle Afrikas auf der Welt wahr? Und wie entwickeln sich die Beziehungen der Europäer zu den Afrikanern des 21. Jahrhunderts? Das möchte ich in diesem Kapitel zeigen.

Der Kontinent der Katastrophen

»Dürre bedroht 10 Millionen Afrikaner« – »Brennpunkt Afrika – Kontinent der Flüchtlinge« – »Mali, ein weiterer Krieg in Afrika« – »Afrika wird arm regiert!« – »Afrika droht neue humanitäre Katastrophe«. Und so weiter und so fort. Von diesen Schlagzeilen über afrikanische Länder gibt es mindestens so viele wie Radio- und Fernsehbeiträge. Falls jemand nicht direkt mit einem afrikanischen Land zu tun hat – dort arbeitet oder Freunde oder Familie hat – sind diese Schlagzeilen seine einzigen Informationen über Afrika. Und weil die Mehrheit der Europäer diese Beziehungen nicht hat, trägt diese »veröffentlichte Meinung« entscheidend zu unserem Afrikabild bei. Besser gesagt: Sie prägt unser Afrikabild.

Dass auch Menschen in Maputo täglich ins Ministerium zur Arbeit gehen, in Dar-es-Salam erfolgreiche Reisebüros betreiben, in Nairobi modernste Telefongesellschaften aufbauen, in Kampala oder Addis Abeba in kleinen gewinnbringenden Fabriken arbeiten und auch in all den vielen anderen Städten Afrikas ihren ganz normalen Tätigkeiten nachgehen, ihren Alltag haben, genauso wie in Deutschland, Österreich oder der Schweiz, und nach den kleinen Verbesserungen des Lebens streben, diese Informationen gelangen über die Medien nicht zu uns nach Europa. Kein Wunder: Im Gegensatz zu den USA oder Indien haben afrikanische Länder noch keine breitenwirksame Filmindustrie, die den Alltag ihrer Menschen in die Wohnzimmer Europas trägt. »Nollywood«, die aufstrebende Filmindustrie Nigerias, ist bei uns noch völlig unbekannt.

Also kennen wir Afrika als Schwarzen Kontinent, der vom Norden bis zum Süden ziemlich gleich aussieht, die gleichen Probleme hat und deshalb auf unsere Hilfe angewiesen ist. Dabei ist der afrikanische Kontinent alles andere als eine homogene Größe.

Afrika reicht vom 36. nördlichen bis zum 34. südlichen Breitengrad, hat damit eine Nord-Süd-Ausdehnung von über achttausend Kilometern, insgesamt eine Fläche von über 30 Millionen Quadratkilometer, besteht derzeit aus 54 Staaten und neben tropischen und subtropischen gibt es auch gemäßigte Klimazonen. Windhuk, die im Südwesten des Kontinents gelegene Hauptstadt Namibias mit ihren etwas über 300 000 Einwohnern, mit trockenem Klima und wenigen Regentagen, könnte nicht unterschiedlicher sein als die tropische Millionenstadt Dakar, die pulsierende Hauptstadt des westafrikanischen Senegal. Und die ganz großen Unterschiede finden sich – nicht unähnlich zu Europa – zwischen Stadt und Land, Metropole und Busch, der übers Internet angebundenen Mittelschicht und der nach jahrhundertealten Traditionen lebenden Landbevölkerung.

Afrika ist alles andere als homogen. Und dennoch erliegen sogar die Redaktionen von Qualitätszeitungen der Versuchung, beim Thema »Afrika« die alles vereinfachenden Verallgemeinerungen zur Steigerung der Aufmerksamkeit zu verwenden.

»Unglücke in Afrika: Der Kontinent der vermeidbaren Katastrophen« titelte das *Handelsblatt* nach dem Sinken einer Fähre in Tansania und dem Explodieren einer Pipeline im über 4000 Kilometer entfernten Nigeria. Wie würde diese Zeitung berichten, wenn sich während einem der wiederkehrenden Waldbrände in Spanien ein Zugunglück irgendwo in Skandinavien ereignete? Europa, der Kontinent der Katastrophen?

Selbst die *Frankfurter Allgemeine Zeitung* scheute sich nicht, einen Bericht über das Schlepperwesen in Tschad und Niger mit »Afrika – Flucht vom Kontinent der verlorenen Hoffnungen« zu titeln. Auf Europa umgelegt wäre das so, als ob die derzeit stattfindende Emigration von Tausenden Portugiesen nach Angola, Mosambik und Brasilien auch ganz automatisch die Europäer inklusive der derzeit wirtschaftlich erfolgreichen Deutschen aus Europa flüchten lassen würde.

Unser Afrikabild hat auch noch eine andere Seite: Was wir außer Katastrophen und Entwicklungshilfe noch mit dem Kontinent verbinden, zeigt zum Beispiel der Film *Out of Af-*

rica mit Robert Redford und Meryl Streep: Savanne, Löwen, Hitze, Weite, Elefanten, orangefarbene Sonnenuntergänge. Hinzu kommen die Afrikanerinnen und Afrikaner, die mit Musik und Rhythmus tief in ihrem Inneren geboren werden. Wir sehen sie vor unseren Augen, die schlanken, muskulösen, sich im Takt wiegenden Körper. Das weckt bei uns die Sehnsüchte der Männer und gleichermaßen der Frauen. Da fühlen wir uns wohl, zu Hause an der Wiege der Menschheit, die ja vor 200 000 Jahren in Afrika gestanden haben soll.

Afrika ist also einerseits der entfernte Hilfsbedürftige, verkörpert aber andererseits unsere Wünsche, Träume und Phantasien nach dem Ursprünglichen. Scheinbare Gegensätze, die aber nur zwei Seiten einer Medaille sind: Eine Safari in Kenia, Urlaub in Sansibar, eines der vielen Entwicklungsprojekte oder einfach die Hintergründe eines Spendenaufrufs; das alles weckt starke Gefühle und motiviert uns immer wieder zu Handlungen: Ins Reisebüro gehen oder einen Zahlschein ausfüllen.

Dass Unternehmen, Marketingabteilungen, Verkäufer oder auch Bürgerinitiativen und Vereine auf Emotionen setzen, um ihre Kunden zum Kauf oder ihre Bürger zu Spenden zu motivieren, ist gängige Praxis – und keineswegs auf Afrika beschränkt. Dennoch muss es einen Grund geben, warum diese Emotionen – Mitleid mit den Opfern von Katastrophen und Sehnsucht nach dem Ursprünglichen – im aufgeklärten Westen noch ihre Wirkung entfalten, obwohl die Grundlage dafür immer mehr verschwindet. Denn genau genommen ist die Realität in den einzelnen afrikanischen Ländern eigentlich immer schon von unserer europäischen Wahrnehmung abgewichen. Das fing schon zu Kolonialzeiten an, als die ersten Europäer auf afrikanischem Boden sich tatsächlich fragten, ob die Schwarzafrikaner eigentlich Tiere oder Menschen seien. Auch im 20. Jahrhundert sprach man noch von »Eingeborenen« – und meinte damit unterschwellig eher urzeitliche Menschen als »im Ort Geborene«. Zugleich wunderte man sich, dass auch in Afrika Menschen in Städten wohnten, mit elektrischem Strom und installierter Wasserversorgung. Dass schon in den 1980er-Jahren die vielen japanischen Autos die Straßen verstopften und die Haushalte an das globale Satellitenfernsehen angeschlossen wurden. Mit der Eingliederung der meisten afrikanischen Staaten in das globalisierte Wirtschaftssystem inklusive Anschluss an die weltumspannende digitale Datenkommunikation hat sich diese Differenz zwischen unserer Wahrnehmung und der afrikanischen Realität in den letzten zehn bis fünfzehn Jahren mit einem Schub exponentiell vergrößert.

Die einzelnen afrikanischen Länder haben sich völlig gewandelt, unser Afrikabild ist aber das Gleiche geblieben. Getrennt durch das Wasser des Mittelmeeres, die strengen Einwanderungsgesetze und -kontrollen, scheint der ganze Kontinent viel zu weit weg und wirtschaftlich wie kulturell viel zu unbedeutend zu sein, um irgendeinen Einfluss auf uns haben zu können. Wie kann es sonst sein, dass wir im Jahr 2013, zum Zeitpunkt der Entsendung französischer Truppen, den Konflikt in Mali als weitere gesamtafrikanische Katastrophe deuten, während rundherum in anderen 35 Ländern die Wirtschaft boomt, das durchschnittliche Pro-Kopf-Einkommen des gesamten Kontinents sich verdoppelt hat, die ausländischen Direktinvestitionen sich vervielfacht haben, die Verschuldung der meisten afrikanischen Staaten mittlerweile Vorbildfunktion für Europa hat und eine neue Mittelklasse das Geschehen bestimmt?

Als Unternehmer und Berater, der seit über 30 Jahren regelmäßig in afrikanischen Ländern arbeitet, kann ich nur sagen: Unser Bild von Afrika als armem, krisenbehafteten, ja abgehängten Kontinent ist völlig veraltet. Und das ist alles andere als ein unbedeutendes Detail. Ich meine, dass dieses veraltete Afrikabild uns ganz eindeutig die Sicht auf Dinge verstellt, die in Afrika heute passieren und die zukünftig auch für uns bestimmend sein werden.

Massenverstopfung

Es muss wohl Mitte der 1990er-Jahre gewesen sein, als ich eines Morgens mit der Maschine aus Frankfurt auf dem damals viel zu kleinen Flughafen in Johannesburg, Südafrika, gelandet bin. Wie immer eilten nach dem Aussteigen die über dreihundert Passagiere zur Passkontrolle oder zum Schalter für Weiterflüge. Anstellen und Wartezeiten waren vorprogrammiert.

»Wenn ich bei den Ersten dabei bin und alles gut geht, werde ich in 30 Minuten beim nächsten Check-in sein«, dachte ich.

Dann stand aber eine unglaubliche Menschenmenge vor mir. Der Blick nach vorn zu den Transitschaltern war versperrt. Nichts ging mehr.

Es war nicht die Maschine aus Paris oder London, die uns zuvor gekommen war. Es war offensichtlich ein besonders großer Jumbojet aus Asien. Ein regelrechter Pulk von Chinesen arbeitete sich unkontrolliert nach vorn und verstopfte den Zugang zur Passkontrolle.

Nach einer unendlich langen Stunde des Drängens konnte ich die aufgeregten südafrikanischen Grenzpolizisten in der Ferne ausmachen.

»Oje, sie sind vollkommen überfordert«, meinte mein Nachbar in der Warteschlange. »So hektisch wie sie herumfuchteln, haben sie wohl keine Ahnung, was sie als Nächstes tun sollen.«

Hatten die Chinesen keine Visa oder konnten die Polizisten die chinesischen Schriftzeichen nicht entziffern? Und überhaupt: Chinesen hier in Südafrika? Was bitte haben die hier vor? Ist bei denen gerade der Massentourismus ausgebrochen?

Ich erinnere mich noch genau, wie wir uns damals diese Fragen stellten und versuchten, sie auf unsere Art zu beantworten. Irgendwie schwang im Hintergrund auch mit, dass Afrika ja eigentlich europäisch sei. Nein, so haben wir das natürlich nicht gesagt oder auch nicht einmal gemeint. Aber irgendwie waren es doch die Europäer, die hier immer schon gearbeitet haben und die wissen, wo es langgeht. So war es zumindest in unseren Köpfen eingebrannt.

Mittlerweile – etwa 15 Jahre später – erscheinen unsere Fragen und Meinungen von damals äußerst naiv. Denn die Lage hat sich vollkommen verändert: Johannesburg, genauso wie Nairobi oder Lagos, wird heute täglich mehrfach von Jumbos aus Peking und Hongkong angeflogen. Nicht weil das Fernweh und die Reiselust die Chinesen gepackt hätten. Sondern weil chinesische Unternehmen in afrikanischen Ländern inzwischen zu bedeutenden Investoren und Geschäftspartnern avanciert sind. Ebenso wie Unternehmen aus Brasilien, Indien und anderen asiatischen Staaten. Eine Entwicklung, die sich auch in den Zahlen widerspiegelt.

Im Jahr 2010 wickelte Afrika südlich der Sahara – also das Afrika, wo wir gemeinhin die Armen erwarten – laut dem Weltwährungsfonds bereits über ein Viertel seines Handels allein mit China, Indien und Brasilien ab, nachdem noch im Jahr 1990 dafür kein statistisch signifikantes Volumen gemessen werden konnte. Und seit 2009 ist China der größte einzelstaatliche Handelspartner Afrikas mit einem Volumen von knapp 180 Milliarden Euro im Jahr 2012.

Im Gegenzug dazu verminderte sich die wirtschaftliche

Bedeutung Europas für Afrika drastisch. Betrug der Anteil Europas am Außenhandel Afrikas Anfang der 1990er-Jahre noch knapp 60 Prozent, so waren es 2009 weniger als 37 Prozent. China verursachte etwas mehr als die Hälfte des Bedeutungsverlustes, danach folgen Indien und Brasilien. Hinzu kommen als neue Handelspartner die sogenannte »Gruppe der Fünf« – Indonesien, Malaysia, Thailand, Saudi-Arabien und die Vereinigten Arabische Emirate – und die Türkei. Fast unbemerkt von der europäischen Öffentlichkeit haben in den letzten 15 bis 20 Jahren all diese Länder ihren Anteil am Handelsvolumen mit Afrika also mehr als verdoppelt.

Die Dynamik dieser relativen Verschiebungen der Handelsströme lässt sich jedoch erst voll erfassen, wenn man die absolute Größe des afrikanischen Handelsvolumens betrachtet, das sich allein zwischen 2000 und 2010 mehr als vervierfacht hat. Der Wirtschaftsboom in Afrika hängt eindeutig mit der Präsenz der nicht-westlichen Partner zusammen. Und das, obwohl die Afrikaner diesen »anderen« Völkern zunächst skeptisch gegenüberstanden.

»Hans, ihr könnt den Chinesen doch nicht einfach so das Feld überlassen! Denen kann man ja gar nicht trauen. Wieso holst du nicht europäische Geschäftsleute her?«, fragte mich voller Empörung ein Lebensmittelhändler aus Kap Verde, als die ersten Chinesen sich auf den Inseln niederließen und versuchten, Geschäftsbeziehungen anzubahnen.

Misstrauen lag in der Luft, und jede Menge Vorurteile. Chinesen seien unhygienisch, munkelte man und verspottete die kleinen Männer mit den langgezogenen Augen. In Hotels wurden sie benachteiligt, die Einheimischen vermieteten nur ungern Zimmer an sie, und Geschäftsbeziehungen jeglicher Art gingen sie nur gegen Vorauszahlungen ein.

Heute hat sich das Verhältnis um 180 Grad gedreht. Chinesische Familien führen jetzt so gut wie alle Kleinhandelsgeschäfte auf Kap Verde. Sie haben sie Anfang der 2000er-Jahre innerhalb von zwei Jahren schubartig von den kapverdischen Vorbesitzern übernommen. China und all die anderen neu aufstrebenden Länder beliefern jetzt die afrikanischen Länder mit Kleidern, Möbeln, Haushaltsgeräten, Plastikwaren, Spielsachen, elektronischen Geräten, Baumaterialien, Getränken und Lebensmitteln, Kleinmaschinen, maschinellen Ausrüstungen, Autos und vielem mehr.

Fast unbemerkt haben die neuen Partner das Ruder bei den internationalen Beziehungen Afrikas übernommen. Selbst die Europäer, die in afrikanischen Ländern leben oder regelmäßig dort zu tun haben, haben die Dimension dieser Veränderungen – die sich zwar direkt vor ihren Augen, aber in kleinen Schritten abspielten – lange nicht wahrgenommen.

Die Sache ist hochinteressant: Während europäische Entwicklungshilfe-Organisationen Almosen verteilen, um den armen Afrikanern aus ihrer Misere zu helfen, schaffen es andere Länder, den »hilfsbedürftigen« Afrikanern etwas zu verkaufen.

Die Frage ist nur: Wie kamen diese nicht-westlichen Länder überhaupt auf die Idee, dass es in Afrika eine solche Kaufkraft gibt? Und wieso waren wir Europäer blind für das Potenzial, das dort schlummerte?

Ein ganz anderes Afrika

Als der sagenumwobene chinesische Admiral Zheng He im Jahr 1421 Ostafrika erreichte, bestand seine Flotte aus mehr als 300 Schiffen mit mehr als 28 000 Leuten Besatzung. Die größten Schiffe waren knapp 130 Meter lang und konnten über 500 Personen befördern. Zwischen 1405 und 1433 unternahm Zheng He mit dieser Flotte sieben Expeditionen, zwei davon nach Ostafrika. Und wahrscheinlich führte ihn eine seiner Reisen auch nach Amerika. Siebzig Jahre vor dem ersten Europäer, Christoph Kolumbus, dessen Flotte übrigens aus lediglich vier Schiffen mit nur 150 Mann Besatzung bestand.

Jeder europäische Seefahrer hätte zu dieser Zeit – dem Beginn der Kolonialherrschaft – an Stelle von Zheng He sich die neu entdeckten Territorien zu eigen gemacht. Und für Zheng He wäre vermutlich nichts leichter gewesen als das. Doch trotz der gigantischen Schlagkraft seiner Flotte eroberte der chinesische Admiral Ostafrika nicht. Stattdessen nahm er Handwerker, Kartografen, Astrologen, Mediziner und Diplomaten mit auf seine Reisen und erforschte mit ihrer Hilfe Land und Leute.

Mehr noch: Die Chinesen brachten sogar wertvolle Güter wie Porzellan und Seide nach Afrika und erwarben von den Einheimischen im Gegenzug Gewürze, Heilkräuter, Elfenbein, exotische Hölzer, Perlen und ihnen unbekannte Tiere.

Zum ersten Mal sah man in China daraufhin Giraffen und Zebras, zum ersten Mal schmeckte das Essen dank neuer Gewürze vollkommen anders, und zum ersten Mal studierte man den Netzfischfang, so wie man diesen unterwegs kennengelernt hatte. In Ostafrika wiederum gründeten die zurückgebliebenen Chinesen Siedlungen und vermischten sich mit der lokalen Bevölkerung.

Aus dem Warenaustausch wurde so ein reger Kulturaustausch, der in beiden Ländern Neues entstehen ließ. In diesem fruchtbaren Austausch unterschied sich das chinesische Engagement in Afrika im 15. Jahrhundert krass von der darauf folgenden europäischen Eroberungs- und Kolonialgeschichte.

Wie zu Zeiten Zheng Hes sehen auch heute die Chinesen das große Potenzial für Handel und Investitionen. Die Menschen in den afrikanischen Ländern sind potenzielle Geschäftspartner, denen man auf gleicher Höhe begegnet. Nur deswegen ist es möglich, dass Chinesen heute das tun, was afrikanische Politiker und Geschäftspartner sich so lange von den Europäern gewünscht, aber nie eingelöst bekommen haben. Sie bauen Produktionsniederlassungen in Äthiopien, Tansania, Mosambik, Angola, Nigeria, Benin, Ghana und anderen afrikanischen Ländern und produzieren Schuhe, Kleider, Lebensmittel, Baumaterialien und vieles mehr.

In Kenia, Uganda, Tansania, Sambia und Mosambik haben indische Geschäftsleute eine lange Geschichte. Sie haben sich in den entlegensten Gebieten niedergelassen, Hunderte Kilometer von den nächsten Städten entfernt, um dort genau das anzubieten, woran es aufgrund der Entfernung zur nächsten Stadt mangelt: Kleider, Baumaterialien, Werkzeuge, Kleinmaschinen.

Und brasilianische Techniker und Wissenschaftler eröffnen in afrikanischen Ländern ein Forschungszentrum nach dem anderen. Institutionen, die als Ankerpunkte für weitere Aktivitäten dienen. Als Land mit ähnlichen tropischen Klimazonen wie Afrika hat Brasilien vor allem im Gesundheitssektor und in der Nahrungsmittelproduktion wertvolle Erfahrungen. Auch das brasilianische Sozialhilfeprogramm ist interessant für Regierungen und soll in bestimmte afrikanische Länder transferiert werden.

Alle diese Geschäftsleute, Händler und Regierungsmitarbeiter lassen sich auf die Einheimischen ein. Sie leben und arbeiten mit ihnen, beschäftigen sich direkt mit ihren Wünschen und Möglichkeiten und erarbeiten gemeinsam mit ihnen Kooperationen, Partnerschaften, Geschäftsbeziehungen. Doch damit schaffen sie es nicht nur, den Einheimischen etwas »zu verkaufen«, sondern sie profitieren auch selbst von den wirtschaftlichen Beziehungen.

Das Vertrauen, das durch profitable Geschäftsabschlüsse entsteht, führt auch zu völlig neuen Dimensionen der Zusammenarbeit. So können aus bilateralen Aktivitäten plötzlich internationale Geschäfte werden, die den »Kuchen« quasi über Nacht für alle vergrößern.

Das chinesisch-angolanische Unternehmensnetzwerk China-Sonangol zum Beispiel betreibt Erdölförderung in Angola, Guinea und Madagaskar, Goldabbau in Simbabwe und Immobilienentwicklung in Singapur und New York. Die mehr als 60 Unternehmen dieses Netzwerkes, verstreut über den Globus, haben zwischen 2005 und 2010 16 Milliarden Euro in afrikanischen Ländern investiert. »Das ist das neue Gesicht des Wettbewerbs um Rohstoffe«, sagt Judith Poultney, Analystin bei der internationalen Korruptionsüberwachungsinitiative »Global Witness«.

Joint Ventures zwischen afrikanischen und asiatischen Ländern haben längst nicht mehr nur den Zweck, den Mangel in Afrika zu decken. Immer stärker lösen sie Probleme, die über Ländergrenzen hinweggehen. Manche von ihnen schaffen es sogar, ganze Märkte zu revolutionieren.

Der legendäre indische Unternehmer Sunil Mittal etwa, Gründer von Bharti Airtel, einem der größten Mobiltelefonunternehmen der Welt, kaufte im Jahr 2010 für acht Milliarden Euro den kuwaitischen Anbieter Zain und bietet nun in 17 afrikanischen Ländern mobile Telefon- und Datenkommunikationsleistungen an. Airtel Africa liefert hochinnovative Lösungen und setzt jährlich 5 Milliarden Euro um. Im November 2012 hat es das mittlerweile berühmte »One Network«-System, das den Kunden erlaubt, innerhalb von 17 afrikanischen Länder zum Ortstarif zu telefonieren und Daten zu transferieren, auf Indien, Bangladesch und Sri Lanka ausgeweitet. Erstmals ist damit interkontinentale Kommunikation mit lokalen Einstellungen und Tarifen möglich.

Selbst die europäischen Telekommunikationsanbieter könnten von Bharti Airtel einiges lernen, vor allem aus Sicht ihrer von Roaminggebühren geplagten Kunden. Denn Bharti Airtel ist »unternehmergetrieben« und stellt den Kunden in den Mittelpunkt: »Mobile Kommunikation für alle erschwinglich machen, damit die Menschen ihre täglichen Herausforderungen bewältigen«, so lautet die gelebte Business-Mission.

Mit anderen Worten: Die realwirtschaftliche Ausrichtung dominiert, kapitalmarktgetriebene Interessen bleiben im Hintergrund. Mit diesem Unternehmenszweck und mit den innovativen Software- und Kommunikationslösungen, die indische Unternehmen in Ostafrika für die afrikanische Telekommunikationsindustrie entwickeln, hätte Bharti Airtel jedenfalls das Potenzial, im deutschsprachigen Raum erfolgreiche Mobilfunkanbieter zu verdrängen. Nicht umsonst bezeichnen einige Experten diese ostafrikanische Unternehmensszene als das weltweit wichtigste Innovationszentrum für Mobiltelefonie – womit eine afrikanische Region erstmals eine globale Führungsrolle innehätte.

In den letzten zehn Jahren ist selbst den Europäern in afrikanischen Ländern klar geworden: Den Unternehmen aus den neu aufstrebenden Ländern gelingt es, in Afrika wirtschaftlich erfolgreich zu sein. Eine Realität, die wir Europäer bis vor Kurzem überhaupt nicht für möglich gehalten hätten.

Afrika boomt und ist über das eigene Wachstum hinaus auch zum Spielfeld für eine wirtschaftliche Entwicklung geworden, bei der es vor allem um die Realwirtschaft und weniger um die Finanzwirtschaft geht. Es ist jetzt schon absehbar, dass sie nicht nur lokale, sondern globale Folgen haben wird. Und wir Europäer sind bei dieser Entwicklung keine bedeutende Größe.

Während europäische Entwicklungshilfeorganisationen Anfang des Jahrtausends noch die wichtigsten internationalen Ansprechpartner afrikanischer Regierungen waren, hat sich das Verhältnis jetzt vollkommen umgedreht. Es gibt ein permanent steigendes Geschäftsvolumen mit China, Indien und Brasilien, das uns schon längst den Rang abgelaufen hat. Europäische Projektgelder sind nur mit hohem bürokratischen Aufwand zu erlangen. Seitdem Chinesen, Brasilianer oder Inder mit afrikanischen Regierungsbeamten und Unternehmern handfeste Geschäfte besiegeln, ist das Interesse an europäischen Geldern stark abgeflacht. Der mit der letzten Globalisierungswelle eingetretene europäische Bedeutungsverlust in Afrika ist nicht zu verleugnen.

Keine Frage: Der Grund, warum wir aus Afrika zurückgedrängt werden, ist auch unsere innere Haltung. Die verhindert, dass wir bei diesen neuen Entwicklungen mitspielen. Gut, offiziell leisten wir keine »Entwicklungshilfe« mehr, sondern »Entwicklungszusammenarbeit«. Der Begriff suggeriert eine Beziehung auf Augenhöhe. Doch wenn ich mir die öffentlichen Debatten über Themen rund um Afrika anschaue, habe ich den Eindruck, dass wir doch mit allem, was wir tun und denken, am alten Afrikabild festhalten.

Taschentücher und harte Parolen

Am 25. September 2012 drängen sich so viele Leute ins Radiokulturhaus Wien, dass zusätzliche Stühle herbeigeschafft werden müssen. Der österreichische Rundfunk produziert hier einmal im Monat die Radiodiskussion »Klartext. Ein Beitrag zur Streitkultur«. Normalerweise vor knapp zwanzig bis dreißig Personen. Doch diesmal kommen fünf bis sechsmal so viel.

Was ist geschehen? Nichts Außergewöhnliches. Außer dass

der Schweizer Soziologe und Globalisierungskritiker Jean Ziegler als Gast erwartet wird. Der ehemalige UN-Sonderberichterstatter für das Recht auf Nahrung diskutiert an diesem Abend mit Franz Fischler, ehemaliger EU-Agrarkommissar und heutiger Präsident des Think Tanks »Europäisches Forum Alpbach« über seine Lieblingsfrage: Ist Hunger ein notwendiges Übel? Ist es Schicksal? Oder nur ein Verteilungsproblem?

Mit diesem Thema tritt Jean Ziegler immer wieder vor die Kamera, dazu hat er bereits ein ganzes Regal an Büchern geschrieben. Als er anfängt zu reden, sind die Zuschauer völlig gebannt.

»Letztes Jahr sind laut Weltbank 41 Millionen Hektar Ackerland den afrikanischen Bauern entzogen worden, durch intransparente Miet- und Kaufverträge, befördert von lokaler Korruption, übergegangen in die Hand der Konzerne und Hedgefonds, die jetzt dieses Land ausbeuten und Gemüse und vieles andere herstellen und exportieren. Wohin? Dorthin, wo die Kaufkraft ist, nämlich nach Europa, Amerika und Japan. Und die Bauern, die dann von der eigenen Nationalarmee verjagt werden, wo gehen die hin? In die »Kanisterstädte«, ... in diese riesigen Slums. Kinderprostitution, zerstörte Familien, Arbeitslosigkeit der Väter, Verzweiflung der Mütter, permanente Unterernährung. Dieses Vertreiben der Bauern aus ihren angestammten Dörfern durch die multinationalen Konzerne ... wird auch noch befördert von der Weltbank.«

Sein Gesprächspartner will darauf antworten, aber die Zuhörer sind schneller. Sie stehen auf und spenden heftig Beifall.

Im Laufe des Abends wiederholt sich dieses Szenario noch ein paarmal. Immer dann, wenn Ziegler einen seiner deftigen Sätze platziert: »Hunger ist ein organisiertes Verbrechen.« –

»Etwa 10 weltweite Konzerne beherrschen 80 Prozent der Märkte.« – »Ein Kind, das an Hunger stirbt, wird ermordet!«

Diesem rhetorischen Feuerwerk zu lauschen, ist tatsächlich beeindruckend. Die Frau rechts neben meiner Kollegin zieht ein Tempo aus der Tasche, um sich die Tränen vom Gesicht zu wischen, im nächsten Moment hetzt sie voller Empörung gegen die bösen Konzerne.

Kein Wunder, dass es auch am Ende nochmal heftigen Applaus gibt. Auch ich habe mich dabei erwischt, wie ich manchen Wendungen instinktiv zustimme. Und das, obwohl ich weiß, dass viele der geschickt gewählten Bilder der Realität nicht entsprechen.

Für Talkrunden und Debatten ist Jean Ziegler tatsächlich die perfekte Besetzung, denn seine Botschaft ist deutlich und einfach: Von den derzeit 7 Milliarden Menschen muss etwa eine Milliarde Hunger leiden, die Welt hätte aber Ressourcen zur Ernährung von 12 Milliarden Menschen. Schuld am Hunger sind die internationalen Großkonzerne. Deswegen bedarf es einer Revolution und Zerstörung der derzeitigen Weltordnung.

Jeder Sender kann sich darauf verlassen, dass bei einer Diskussion, wo er mitredet, die Fetzen fliegen und die Quoten stimmen werden. Schließlich appelliert Ziegler an das Gewissen der Zuschauer und Zuhörer. Je aufrüttelnder der Inhalt, desto mehr gehört, desto mehr verstärkt. Die Verbreitung der Nachrichten korreliert mit dem Grad der erzielten Empörung, fast unabhängig von Qualität, Richtigkeit oder Angemessenheit.

Doch so logisch und wahr sie auch scheinen: Tatsächlich halten Jean Zieglers Thesen einer Prüfung anhand der Faktenlage nicht stand.

Laut dem Welternährungsbericht des Jahres 2015 der Vereinten Nationen litten im Jahr 2014 von den 7,2 Milliarden

Menschen auf der Erde etwa 795 Millionen Menschen an Unterernährung. Das waren 10,9 Prozent der Weltbevölkerung. Anfang der Neunzigerjahre lebten 5,4 Milliarden Menschen auf der Erde, davon galt 1 Milliarde Menschen als unterernährt, also 18,6 Prozent der Erdbewohner. In den weniger entwickelten Ländern sank der Anteil der Unterernährten überhaupt von 23,3 Prozent auf 12,9 Prozent.

Sowohl relativ zur gesamten Weltbevölkerung als auch in absoluten Zahlen ist die Zahl der Hungernden also zurückgegangen. Und das, so die Experten der UN, in nachhaltiger Weise.

Damit will ich keineswegs den Welthunger als Problem verharmlosen. Ganz klar: Jeder Mensch, der Hunger leiden muss, ist einer zu viel. Ich möchte nur infrage stellen, ob die Globalisierungskritiker dieses Problem tatsächlich zu lösen vermögen. Denn so wie die Faktenlage aussieht, geht der Lösungsversuch von Jean Ziegler – Nahrungsmittel und Ressourcen einfach besser zu verteilen – am Kern des Problems vorbei.

Schauen Sie mal, wie sich das »böse« kapitalistische System, vor dessen Verbreitung in Afrika Jean Ziegler warnt, langfristig auf die Ernährungssituation in Europa ausgewirkt hat: Bis Mitte des 19. Jahrhunderts litten die Menschen in Europa an immer wiederkehrenden Hungerperioden. Im Jahr 1798 veröffentlichte der britische Ökonom Thomas Robert Malthus seinen berühmten Essay *On the Principle of Population*, in dem er wissenschaftlich nachwies, dass die maximale Bevölkerungszahl bereits erreicht sei. Für zusätzliche Menschen reiche die Nahrung nicht mehr. In der Folge stiegen aber die Bevölkerungszahlen in Europa. Von 210 Millionen Menschen im Jahr 1800 auf knapp 300 Millionen um 1850, 450 Millionen um 1900, 547 Millionen im Jahr 1950 und 727 Millionen im Jahr 2000. Laut Malthus hätte die Zahl der Menschen überhaupt nicht zunehmen können, zu viele wären an Hunger gestorben und andere daher gar nicht geboren worden. Stattdessen gab es im 20. Jahrhundert in Europa keine Hungerperioden mehr, abgesehen von den Zeiten der großen Kriegskatastrophen.

Malthus irrte auf ganzer Linie. Genauso auch Jean Ziegler.

Im 21. Jahrhundert passiert in Afrika nämlich genau das, was in Europa im 20. Jahrhundert geschehen ist. Noch in den 1960er- und 1970er-Jahren starb eine Million Menschen infolge einer Dürrekatastrophe in der Sahelzone, Mitte der 1980er-Jahre eine halbe Million Menschen in Äthiopien. Doch dann gliederten sich die afrikanischen Länder in das globale Wirtschaftssystem ein und seitdem gibt es keine Hungerperioden mehr. Ausgenommen – wie auch im Europa des 20. Jahrhunderts – bei lokalen politisch-militärisch ausgelösten Konflikten.

Laut dem Welternährungsbericht wurde das Erreichen des im Jahr 2000 im Rahmen der »Millenium Development Goals« gesetzten Ziels, die Zahl der Unterernährten bis 2015 zu halbieren, nur knapp verfehlt. Und die Verfasser des Berichts – die Food and Agriculture Organization of the United Nations (FAO), das World Food Programme (WFP), der International Fund for Agricultural Development (IFAD) – sind keine Organisationen, die die Zahlen schönfärben. Ihre Mission besteht in der Verbesserung des Schicksals der Hungernden und normalerweise führen sie der Öffentlichkeit die Folgen von Unterernährung und Hunger besonders drastisch vor Augen.

Doch warum kommt das Katastrophenbild eines Jean Ziegler in der europäischen Öffentlichkeit so gut an, obwohl es faktisch kein Fundament hat? Warum stellen sich die Leute in Scharen an, um Bilder einer ungerechten Welt vermittelt zu bekommen?

Um der Antwort näherzukommen, muss man sich nur vor Augen halten, wer die Bösewichte in Zieglers Weltsicht sind. Wer ist also schuld an der schlechten Ernährungssituation in Dritte-Welt-Ländern? Natürlich: Die multinationalen Konzerne und Handelsketten. Giganten wie Nestlé, Lidl, Knorr, Unilever, aber auch Ikea, Google, oder Amazon. Sie alle lassen in Billiglohnländern produzieren, beuten die örtlichen Arbeitskräfte aus und setzen ihnen dann teure Produkte vor die Nase, die sie sich selbstverständlich nicht leisten können. So die Globalisierungskritiker.

Interessanterweise werden aber genau die gleichen Namen, die angeblich an der Misere in Afrika schuld sind, auch für unsere Missstände hier in Europa verantwortlich gemacht. Wieso hat das Handwerk keinen goldenen Boden mehr? Natürlich: wegen Ikea! Wieso wollen wir den Schreiner um die Ecke nicht mehr bezahlen und wieso ist der Tischler arbeitslos? Wegen der unschlagbar günstigen Möbelhäuser aus dem Industriegebiet! Wieso macht in den Innenstädten ein Buchhändler nach dem anderen zu? Wegen Amazon! Und wieso muss sich die Blumenladenbesitzerin jedes Mal rechtfertigen, dass ihre Tulpen einzeln so viel kosten wie zehn im Supermarkt? Weil wir es mittlerweile einfach gewohnt sind, die gespritzten Blumen aus Kenia oder Äthiopien zu kaufen. Selbst die bisher als unkündbar angesehenen Stellen im staatlichen oder staatsnahen Dienst scheinen durch die zunehmenden globalen Vernetzungen und Verflechtungen der letzten Jahre nicht mehr sicher.

Sozialpsychologen würden an dieser Stelle vermutlich die Sündenbocktheorie auspacken: Die innerhalb der eigenen Gruppe erlebten Ursachen für Aggression werden zugunsten des Gruppenzusammenhalts Personen oder Gruppierungen von außerhalb der Gruppe zugeschoben. Und tatsächlich deuten viele Zeichen darauf hin.

»Globalisierung ist kein Schicksal!«, mit diesem Leitspruch der bekannten Organisation Attac setzen wir uns zur Wehr. Und da wir als europäische Konsumenten nicht das gesamte Versorgungssystem auf den Kopf stellen können, nutzen wir mindestens unsere zivile Macht, durch Bürgerinitiativen gegen die »Ungerechtigkeit« in Afrika zu kämpfen.

Das erleichtert und gibt uns das Gefühl, sich als kleiner David gegen den fetten Goliath zumindest wach gezeigt zu haben.

Doch das sind einfache Welterklärungen, immer mit dem Credo, dass es immer mehr Menschen auf der Welt immer schlechter geht – eben wegen der globalisierten Wirtschaft.

Die Frage ist aber: Stimmt das überhaupt? Dass gerade in einem Land wie Deutschland, das als mehrfacher Exportweltmeister eindeutig ein Gewinner der Globalisierung ist, die Existenzängste besonders hoch sind, zeigt, wie irrational diese Kritik doch ist.

Was wir nicht sehen

September 1994. Mit dem Auto überquere ich die Grenze von Simbabwe nach Mosambik. Endloses Warten am Grenzort Mutare. Und dann: der Unterschied könnte nicht größer sein. Die Grenzlinie ist wie auf der Landkarte auch in der freien Landschaft sichtbar. So weit das Auge reicht ist Mosambik eine einzige flache Scheibe. Abgeholzt, unorganisiert, dreckig, mit verfallenden Häusern. Auf den Straßen ist nichts weiter zu sehen, als Menschen in ärmlicher Kleidung.

Acht Jahre später, im Oktober 2002, bin ich wieder in Mutare. Diesmal fahre ich den umgekehrten Weg und überquere die Grenze von Mosambik nach Simbabwe. Hinter mir lasse ich florierende Märkte, geschäftige, gut gekleidete Menschen und die neuesten Automodelle auf den Straßen zurück. Und in Simbabwe? Treffe ich auf verlassene Häuser und ärmliche Leute, die fast ausschließlich zu Fuß unterwegs sind. Der Simbabwe-Dollar ist plötzlich wertlos, der mosambikanische Metical hingegen macht Menschen reich.

Welch Umkehr der Verhältnisse! Ich war verblüfft. Doch was passiert war seit meinem letzten Besuch, erschloss sich mir schnell, als ich mir die politische Situation vor Augen führte.

Simbabwe ist die größte Ausnahme vom Boom in Afrika. Nicht weil das Land so schlechte Voraussetzungen hätte oder ein Kampf um Bodenschätze entbrannt wäre, nein. Der Grund für den Verfall ist die Tatsache, dass der langjährige Machthaber Robert Mugabe das Land ganz bewusst isoliert hat. Mugabe versuchte, sich gegen die Globalisierung zu stellen. Die Folgen waren schnell zu spüren: Wirtschaftlicher Einbruch, Verarmung der breiten Bevölkerung und Auswanderung von einem Viertel der Bewohner Simbabwes.

In Mosambik wiederum endete der Bürgerkrieg 1992. Die ehemalige portugiesische Kolonie war spät dran mit der Beseitigung der Wirren der Entkolonialisierung. Und selbst 1994, als ich das Land besuchte, hatte sich noch nicht viel getan. Doch dann ging alles ganz schnell. Aufbau der Institutionen, Einzug der Marktwirtschaft, Modernisierung der Wirtschaft.

Mit der Eingliederung in die globalisierte Weltordnung erlebte Mosambik, wie die meisten anderen Länder Afrikas, einen vorher nicht gekannten wirtschaftlichen Aufschwung. Das Land bezieht Güter und Dienstleistungen vom Weltmarkt und greift damit zu auf Innovationen, technischen Fortschritt, weltweit vernetzte Produktionsketten, eine komplexe internationale Transportlogistik, globale Kommunikationsstrukturen, insgesamt ein vernetztes hochkomplexes Geflecht von Organisationen. Kurz: Es nutzt die weltweit stetig zunehmende Arbeitsteilung. Und genau darin liegt das Erfolgsgeheimnis.

Eigentlich ist das keine neue Erkenntnis: Die Arbeitsteilung und der damit verbundene zunehmende Handel von Waren und Dienstleistungen sind der entscheidende Treiber in der Entwicklung der Menschheitsgeschichte. Nicht erst seit der jüngsten Welle der Globalisierung, nicht erst seit Beginn der Neuzeit und auch nicht erst seit Entstehen der ersten Hochkulturen in Mesopotamien, Ägypten, Griechenland oder Rom. Nein, seit Beginn der Existenz des Menschen vor 200 000 Jahren! Die steigende Produktivität, also die Möglichkeit, mit immer weniger Input an Zeit und Ressourcen immer mehr Nahrung, Kleidung, Obdach und all die anderen modernen Waren und Leistungen zu schaffen, die mit dieser Entwicklung einhergeht, ist eine grundlegende Konstante der Menschheitsgeschichte und ermöglicht nicht nur die Versorgung und Ernährung der sieben und bald einmal neun Milliarden Menschen, sondern auch überhaupt den Freiraum für ein selbstbestimmtes Leben.

Wir in Europa haben vergessen, dass es Wohlstand genau dann gibt, wenn sich eine Gesellschaft von Selbstversorgung und wirtschaftlicher Unabhängigkeit hin zu mehr Verflechtung und Arbeitsteilung entwickelt. Wir sehen nicht, dass zunehmende Abschottung ganz automatisch auch zunehmende Armut bedeutet. Das heißt, unser aktuelles Weltbild enthält eine Lücke. Und die führt dazu, dass wir glauben, allein mit Slogans wie »Lokal statt global« die komplexen Herausforderungen unserer Zeit bewältigen zu können.

Was bedeutet es, wenn nun ein internationaler Reedereikonzern mit seinen Schiffen die afrikanische Bevölkerung mit Waren versorgt? Wenn globale Baukonzerne Straßen und Eisenbahnen bauen? Oder wenn multinationale Supermärkte sich von Südafrika ausgehend über den ganzen Kontinent ausbreiten? Dass diese Entwicklungen schädlich sind, weil die Konzerne nur versuchen, ihren Profit zu maximieren?

Das Geldverdienen ist sicher eine der Facetten und eine notwendige Bedingung für erfolgreiches Wirtschaften. Aber es stellt nicht den Zweck unternehmerischer Tätigkeit dar. Unternehmen und Konzerne, die in diesen Ländern eine funktionierende Infrastruktur aufbauen, erfüllen eine entscheidende gesellschaftliche Funktion: Sie schaffen einen konkreten Nutzen für die Gesellschaft und die dort ansässigen Menschen.

Dieser »Customer Value« ist der Dreh- und Angelpunkt für jede wirtschaftliche Entwicklung. Ob in Asien, Südamerika oder Afrika: Überall dort, wo Menschen der Armut entkommen sind, waren es Unternehmen, die Werte für Kunden, Mitarbeiter und all die anderen Stakeholder geschaffen haben. Von den Obstbauern über den Reedereikonzern mit seinen weltweit agierenden Schiffen bis zu den internationalen Supermarktketten.

Derzeit prägt aber ein undifferenziertes Unternehmens- und Konzern-Bashing das Weltbild in der Öffentlichkeit. Ein Weltbild, das uns die Sicht darauf verstellt, dass das Zusammenspiel von Realwirtschaft und Gesellschaft in der nichtwestlichen Welt so gut wie noch nie funktioniert.

Stattdessen besagt unser Weltbild, dass die Welt immer schlechter und ungerechter wird. Nicht dass wir wollen, dass es so ist, aber wir wollen das Argument, dass es so wäre. Denn ein Kampf gegen eine insgesamt ungerechte Welt rechtfertigt unsern eigenen Kampf gegen die Veränderungen bei uns zu Hause. Würden wir anerkennen, dass dank globaler Arbeitsteilung die Menschen zum Beispiel in Afrika in Massen aus der Armut geholt werden, müssten wir auch den globalisierungsbedingten Änderungsbedarf bei uns in Europa positiv aufnehmen. Die »Armen« in Afrika werden also zu unfreiwilligen Komplizen für die Erhaltung der »guten alten Welt« bei uns in Europa gemacht. Wir brauchen dieses Weltbild zur Verteidigung des Statusquo.

Mit anderen Worten: Wir halten am alten Afrikabild fest, weil wir uns selbst nicht verändern wollen. Und das hat fatale Folgen: An den Entwicklungen und Machtverschiebungen, die sich auf afrikanischem Boden abspielen und schon globale Dimensionen annehmen, sind wir einfach immer weniger beteiligt. Zwischen afrikanischen, asiatischen und südamerikanischen Ländern entscheidet sich demnächst die Zukunft der Wirtschaftsbeziehungen – und Europa ist in dieser Konstellation weder als Partner noch als Berater noch als Investor dabei. Aber gut, vielleicht ist richtig, was der Mainstream sagt und denkt: Afrika mag gerade Schwung nehmen, aber im Vergleich zu Europa haben die Afrikaner noch viel nachzuholen, bevor sie uns tatsächlich das Wasser reichen können. – Was betreffen uns schon die dortigen Machtverschiebungen?

Das Ende des Schengenlandes

Im November 2011 begab sich der portugiesische Premierminister Passos Coelho auf einen Blitzbesuch nach Angola, nach allgemeiner Lesart einem der unterentwickeltsten Länder der Erde. Offiziell wurde über diesen Staatsbesuch nicht viel verlautet, inoffiziell ist aber bekannt, dass es bei diesem Treffen um Finanzierungen für das überschuldete Portugal ging.

Der Präsident Angolas, Eduardo dos Santos, bereits an sechster Stelle auf der Liste der einflussreichsten Personen Portugals, empfing den portugiesischen Premierminister ge-

nau so, wie früher die westlichen Regierungschefs ihre Amts-
kollegen aus den Entwicklungsländern empfangen haben.

»Wir sind uns der Probleme, denen sich das portugiesische
Volk gegenübersieht, bewusst«, erklärt er, »Angola ist offen
und bereit, Portugal zu helfen.«

Portugal zappelt wie ein Fisch an der Leine ausländischer,
insbesondere angolanischer Investoren. Köder sind die Petro-
dollars, die sich in Angola tagtäglich vermehren. Seit die reichen Familien Angolas in Lissabon investieren, wird nicht nur
ein Teil des Anstiegs der Immobilienpreise darauf zurück-
geführt. Auch die größte private Bank, die Millenium Banco
Comercial Português, ist im Juli 2012 bereits zu 14 Prozent
im Besitz von Sonangol, der staatlichen angolanischen Öl-
gesellschaft. Im März 2012 verkündet die Sonangol, dass sie
bereits das Einverständnis der Portugiesischen Nationalbank
hat, seinen Anteil an dieser Bank auf 20 Prozent zu erhöhen.
Diese kann nicht ablehnen, denn Millenium BCP braucht
dringend Geld.

Der Tochter des angolanischen Präsidenten, Isabel dos
Santos, eine moderne und sehr diskrete Geschäftsfrau, Anfang vierzig, erste Milliardärin Afrikas, gehören mittlerweile
30 Prozent von NOS, der wichtigsten Mediengesellschaft mit
Kabel- und Satellitenfernsehen, Internetdiensten und Film-
produktionen, 20 Prozent der viertgrößten Bank BPI, 40 Prozent von Amorim Energia und Anteile an der portugiesischen
Telekom und der Banco BIC Português.

Die angolanischen Investitionen in Portugal stiegen von
1,6 Millionen Euro im Jahr 2002 auf 116 Millionen Euro im
Jahr 2009. Und jetzt benötigen weitere portugiesische Staats-
unternehmen dringend Geld. Die staatliche Fluggesellschaft
TAP, der Flughafenbetreiber ANA, der Stromnetzbetreiber
Redes Energeticas Nacionais, der Stromversorger Energias
de Portugal, die Energiegesellschaft GALP, die marode Bank

BPN und einige andere mehr. In Luanda, der Hauptstadt Angolas, geben sich die portugiesischen Minister und Staatssekretäre bereits die Türklinke in die Hand.

Bei solchen neuen Dynamiken suchen auch die Menschen neue Destinationen. Jährlich verlassen Zehntausende Portugiesen ihr Land Richtung Angola. Im Jahr 2003 lebten dort etwa 23 000 Portugiesen, 2014 bereits weit über 100 000. Und die Dunkelziffer wird auf das Zwei- bis Dreifache geschätzt. Umgekehrt geht die Zahl der in Portugal lebenden Angolaner rapide zurück.

»Qualifizierte Portugiesen sind bei uns in Angola herzlich willkommen«, sagt der angolanische Präsident und meint, dass er ein Problem mit den weniger qualifizierten Europäern hat, die den Angolanern die Arbeitsplätze wegnehmen.

Die Machtverhältnisse beginnen sich zu drehen und an der Peripherie Europas haben sie sich bereits gedreht. Wer hätte vor wenigen Jahren gedacht, dass sich der Migrantenstrom im Falle Portugals plötzlich in die genau umgekehrte Richtung hin nach Afrika bewegt? Dass Angola und Mosambik ihre Eintrittsbarrieren für Europäer erhöhen würden? »Schengenland«, das von Europa errichtete Bollwerk gegen Immigranten aus Afrika mit all seinen Arbeits- und Aufenthaltsregelungen zum Schutze der europäischen Märkte und Arbeitnehmer, ist im Falle Portugals bereits überflüssig geworden.

Die derzeitige wirtschaftliche Stärke von Ländern wie Angola, Mosambik, Ghana oder Nigeria ist eine Folge unterschiedlichster Faktoren wie im ersten Kapitel beschrieben. Das Ende des post-kolonialen Afrikas, zunehmende globale Arbeitsteilung, die Wissens- und Kommunikationsgesellschaft und natürlich auch die global starke Nachfrage nach Rohstoffen. Hinzu kommt, dass sich durch die Kooperationen mit China, Indien, Brasilien und all den anderen neu auftretenden Ländern für viele afrikanische Länder bis dahin ungeahnte Möglichkeiten eröffnen. So war es zum Beispiel eine chinesische Finanzierung, die die angolanische Beteiligung an der portugiesischen Millenium Banco Comercial Português ermöglichte.

Die neuen »Süd-Süd-Kooperationen« lassen heute also ganz neue Machtverhältnisse entstehen. Und diese dynamischen Entwicklungen sowie die immer stärker werdende Vernetzung der urbanen Zentren vieler afrikanischer Länder haben plötzlich direkte Auswirkungen auf das Geschehen bei uns in Europa.

Afrika rückt näher

Daher betrifft es uns durchaus, wenn Europa in seiner Rolle in Afrika jetzt abgelöst wird. Diese Ablöse ist ein Symptom weltweiter Machtverschiebungen. Und dabei geht es um handfeste politische und wirtschaftliche Interessen. Das offizielle China verweist gerne auf Zheng He und betont die Gleichheit und die Gemeinsamkeiten zwischen den Ländern. China inszeniert sich damit als große, offene und weise Weltmacht. Das mag alles korrekt und auch authentisch sein, aber vor allem geht es um wirtschaftliche und politische Interessen wie der Sicherung zukünftiger Absatzmärkte und der Sicherung der Rohstoffversorgung.

Auch der permanente Verweis der brasilianischen Politik auf die »Süd-Süd-Beziehungen« ist natürlich Inszenierung. Brasilien lobbyiert für seine Politik und seine Wirtschaft. Genauso wie China sieht es die afrikanischen Länder vor allem als stark wachsenden Absatzmarkt für in Brasilien erzeugte Güter und Dienstleistungen. Derzeit prägen noch die großen brasilianischen multinationalen Unternehmen in der Bauwirtschaft und im Bergbau das Bild Brasiliens in Afrika. In deren Gefolge drängen aber bereits unzählige kleinere Unternehmen nach. Und diese brasilianischen Unternehmen sind bei den afrikanischen Partnern sehr beliebt, denn der über die brasilianischen Massenfernsehserien exportierte Lebensstil gefällt und wird mit diesen identifiziert. Vor allem aber sind manche von diesen Unternehmen weltweit führend in bestimmten Technologien der tropischen Landwirtschaft, im tropischen Medizinsektor und im Bereich der erneuerbaren Energien.

Die afrikanischen Länder sind so zum Schauplatz eines im Entstehen begriffenen neuen politischen und wirtschaftlichen Machtgefüges geworden. Sie sind Experimentierfeld neuartiger globaler Kooperationen und Interessensgemeinschaften. Europa aber ist in diesem neuen Gefüge immer weniger vertreten.

Ein halbes Jahrtausend lang dominierte der »Westen« die Welt. Diese Sonderstellung erarbeitete sich Europa im 15. Jahrhundert, heute als Beginn der Neuzeit bezeichnet. Das genaue Datum wird unterschiedlich interpretiert. 1453 fiel Konstantinopel, die Hauptstadt des verbliebenen oströmischen Reichs, an die Osmanen. Die Flucht der Gelehrten nach Italien und die Erfindung der Massenproduktion von Büchern durch Gutenberg legten den Grundstein für die Verbreitung des humanistischen Gedankenguts und die Epoche der Renaissance. Die Entdeckung Amerikas 1492 erweiterte den geografischen und geistigen Horizont. Mit der »kopernikanischen Wende« wurde das Monopol der Kirche als Deuterin des Weltgeschehens abgelöst und die neuzeitliche Wissenschaft schuf die Grundlage für die spätere industrielle Revolution.

Alle diese Ereignisse befeuerten die Expansion Europas nach Afrika und Amerika und schufen die Vorherrschaft Europas in der Welt. Der Höhepunkt war in der zweiten Hälfte des 19. Jahrhunderts erreicht, als das Britische Empire ein Viertel der Erdoberfläche umfasste.

Dann, nach dem amerikanischen Bürgerkrieg, entwickelten sich die USA zum Ende des 19. Jahrhunderts zur führenden Industrienation der Welt. Treiber waren der Eisenbahnbau und die Entwicklung des motorisierten Individualverkehrs: 1869 wurde die Verbindung zwischen der Atlantikküste und der Pazifikküste fertiggestellt, 1892 baute Henry Ford das erste Auto, und um 1900 gab es bereits 9000 Autos und 300 000 km gut ausgebaute Straßen.

Die USA lösten Europa als dominierendes Machtzentrum des Weltgeschehens ab, und verwiesen es auf den zweiten Platz.

Jetzt, im 21. Jahrhundert, ist wieder etwas Neues im Entstehen. Zum ersten Mal in der Weltgeschichte sehen wir ein weltweites Wirtschaftswachstum und weltweite Entwicklung, »ein globales Erwachen«. Der Autor und CNN-Moderator Fareed Zakaria spricht vom Entstehen der ersten echten »Weltstruktur«. Nach dem Aufkommen der europäischen Weltdominanz ab dem 15. Jahrhundert und nach der US-amerikanischen Überlegenheit seit dem späten 19. Jahrhundert erleben wir gerade die *dritte globale Machtverschiebung der Neuzeit,* »den Aufstieg der restlichen Welt«.

Wie die neue Weltordnung aussehen wird, wissen wir nicht. Wir wissen lediglich, wie einige Elemente der gegenwärtigen Ordnung in die Zukunft wirken. Kishore Mahbubani, der für seine nüchternen Analysen der weltpolitischen Entwicklungen bekannte Diplomat und Intellektuelle aus Singapur, sieht sieben »Säulen«, die der Westen geschaffen hat und die jetzt vom Rest der Welt übernommen werden: die freie Marktwirtschaft, freie Wissenschaft und Forschung, die Leistungsgesellschaft, ein politischer und kultureller Pragmatismus, eine Friedenskultur, das Prinzip der Rechtsstaatlichkeit und das offene Bildung- und Ausbildungssystem. (Aus europäischer Sicht fehlt hier die Demokratie, das sollte uns zu denken geben. Darauf komme ich im fünften Kapitel noch zurück.)

Diese Säulen ermöglichen weltweites Wachstum und Entwicklung und sind die Basis für die derzeit rasante Entwicklung Asiens, Lateinamerikas und Afrikas. Sie sind das Erbe des Westens.

Was aber wird die Rolle und Bedeutung Europas in dieser neuen Weltordnung sein? Mit der Frage nach der europäischen Identität befassen sich Regierungen und Nichtregierungsorganisationen inzwischen seit Jahrzehnten. Eine Antwort, die über Verlegenheitslösungen und vage Begriffe wie »Vielfalt« oder »Humanität« hinausgeht, haben sie bis heute noch nicht gefunden. Aber schauen wir auf Zahlen, Daten und Fakten.

Rein quantitativ scheint die Analyse einfach. Zu Beginn des 20. Jahrhunderts umfassten die Europäer ein Viertel der Menschheit, heute sind sie auf 10 Prozent geschrumpft. Dieser Anteil soll laut den aktuellen demografischen Schätzungen bis 2030 auf neun Prozent sinken. Das heißt, »mengenmäßig« ist der Bedeutungsverlust bereits Fakt. Wirtschaftlich hinkt er noch nach und wird in den nächsten Jahren eintreten.

Wie sich die Rolle Europas aber inhaltlich verändern wird, was die Beiträge Europas zur neuen Weltordnung sein werden und wie die eigenen Stärken den Fortgang der Dinge beeinflussen werden, ist noch offen und wird von den Entscheidungen und dem Handeln der Europäer selbst abhängen.

Betrachten wir die Beziehungen Europas zu den afrikanischen Ländern, sehen wir allerdings Ratlosigkeit und geistigen Stillstand. Wir nehmen die neuen afrikanischen Staatenlenker mit ihren ambitionierten Programmen noch immer nicht wichtig und ernst. Wir nehmen die Machtverschiebungen noch immer nicht wahr. Wir ignorieren alle diese Symptome des Entstehens einer neuen globalen Weltordnung und lassen uns lieber von gesinnungsethischen Überlegungen verführen, als Verantwortung für das Funktionieren neuer globaler Strukturen zu übernehmen. Da verwundert es nicht, dass immer mehr Strömungen und ein immer größerer Teil der Öffentlichkeit sich gegen die Globalisierung stellen oder diese sogar rückgängig machen wollen, statt Segel zu setzen und den Kurs selbst zu bestimmen. Damit aber bestimmt der Wind der Globalisierung, wohin Europa getrieben wird.

Ein Verstärker dieser geistigen Passivität Europas ist die seit 2007 allgegenwärtige »Krise«. Weder die Politik noch die öffentliche Meinung noch die Intellektuellen sind derzeit in der Lage, der weltumspannenden Ausweitung des Wirtschaftssystems etwas Positives abzugewinnen. So thematisiert auch das Feuilleton der deutschsprachigen Medien viel lieber das Ende des Kapitalismus, als dessen Erfolge. Während also in Asien, Afrika und Südamerika für Milliarden von Menschen im wahrsten Sinne des Wortes die Post abgeht, beschäftigt Europa sich vor allem mit der eigenen Befindlichkeit.

Die Chancen in Afrika, die jetzt von den BRICS-Staaten (Brasilien, Russland, Indien, China, Südafrika) und anderen Ländern wahrgenommen werden, sind die Chancen, die Europa gerade vergibt, um sich im neuen weltpolitischen Machtgefüge zu positionieren.

Ist Europa in Afrika nicht mehr dabei, verliert es nicht nur ein paar Prozentpunkte an Export- oder Investitionsmöglichkeiten. Europa verliert die Einbindung in die Dynamiken der neuen Weltordnung und damit den Anschluss an die neue Welt. Es droht langfristig die wirtschaftliche, politische und kulturelle Bedeutungslosigkeit. Ohne es auch nur zu merken, sind die europäischen Länder gerade dabei, ihren alten angestammten Platz zu verlieren. Es ist Europa, nicht Afrika, das jetzt zum abgehängten Kontinent zu werden droht.

3 · Sie waren stets bemüht ...

Europa der »abgehängte« Kontinent? Moment mal!

Am 14. April 2014 stellt der statistische Dienst der Europäischen Union klar: Mit unseren 28 Mitgliedsländern sind wir der größte Wirtschaftsblock der Welt. Im Jahr 2011 erwirtschafteten wir knapp 13 Billionen der weltweit etwa 68 Billionen Euro. Die USA liegen mit 12 Billionen Euro und China mit 10 Billionen Euro dahinter.

Nicht schlecht. Wir erarbeiten also fast 19 Prozent der weltweiten Wirtschaftsleistung. Das ist sogar in Kaufkraftparitäten bewertet. Mit den offiziellen Euro-Wechselkursen berechnet wären es sogar 25 Prozent. Dabei stellt die Europäische Union nur etwa sieben Prozent der Weltbevölkerung.

Mit »Kaufkraftparitäten« versucht man die Zahlen unterschiedlicher Weltgegenden und Währungsräume vergleichbar zu machen. Ein Haarschnitt in Johannesburg, den ich in südafrikanischen Rand bezahle, kostet mich umgerechnet 15 Euro. In Wien aber 46 Euro, also das Dreifache. Haareschneiden oder Einkäufe in lokalen Supermärkten stehen in der Regel international aber nicht in Konkurrenz zueinander und haben daher keinen Einfluss auf den Wechselkurs. Dieser wird von den zwischen den Staaten gehandelten Waren und Dienstleistungen bestimmt, also zum Beispiel von den Maschinen, die Südafrikaner in Europa einkaufen, und den Safarireisen der Europäer in Südafrika. Um nun die Wirtschaft unterschiedlicher Währungsräume vergleichbar zu machen, wird die unterschiedliche Kaufkraft in umfangreichen statistischen Verfahren angeglichen.

Von wegen abgehängt

Europa ist also in absoluten Kaufkraftparitäten gemessen eine *wirtschaftliche Supermacht*. Wir übersehen das, weil wir noch immer in den Einheiten unserer Nationalstaaten denken. Und da liegt Deutschland als größte europäische Nation weltweit auf Rang vier mit einem Anteil von 3,1 Prozent der Weltwirtschaft. Frankreich, England und Italien folgen auf den Rängen acht, neun und elf.

Ich weiß, von einigen Seiten kommt an dieser Stelle zunächst einmal die Kritik am Maßstab dieses Größenvergleichs, dem »Bruttoinlandsprodukt« oder BIP. Ist das eine Zahl, mit dem wir die Entwicklungen in Afrika, Europa und der Welt heute noch aussagekräftig bewerten können? Sie sagt doch nichts darüber aus, wie es uns in Europa oder den Menschen in Afrika wirklich geht! Manch einer verweist hier auf das asiatische Land Bhutan, das seine Politik vielversprechend am gemessenen »Bruttoglücksprodukt« orientiert.

Ja, das BIP sagt wirklich nichts über unser Wohlbefinden aus. Aber lassen Sie mich mit einem Missverständnis aufräumen. Das BIP ist ein Maß für den *Input*. Es stellt im Wesentlichen die Summe aller unserer mit Geld bezahlten *Bemühungen* dar, unser Leben zu meistern. Die Wirtschaftstheorie lehrt uns, dass das BIP zwei Seiten unserer volkswirtschaftlichen Gesamtrechnung abbildet. Es ist die Summe aller innerhalb einer bestimmten Periode erzeugten und in Geld bewerteten Güter und Dienstleistungen und es ist gleichzeitig die Summe aller erwirtschafteten Einkommen. Beides, Güter und Dienstleistungen und auch die Einkommen, sind »Inputs« für das Wohlbefinden unserer Gesellschaft bzw. von uns Menschen. Nicht mehr und nicht weniger. Das erklärt auch, warum etwa eine Naturkatastrophe wie ein Erdbeben, die Folgen eines Krieges oder auch die Ebola-Epidemie im Westen Afrikas mittelfristig das BIP eines Landes erhöhen. Das ist keine Groteske, wie viele meinen. »Stell dir vor, die Atomkatastrophe von Fukushima hat das BIP Japans erhöht. So ein Blödsinn, dieses BIP!« Nein, es ist logische Folge der plötzlich viel größeren Herausforderungen, denen sich eine Gesellschaft gegenübersieht, und den damit einhergehenden notwendigerweise höheren Anstrengungen (Inputs), diese zu bewältigen.

Das BIP sagt nichts darüber aus, was bei all dem Einsatz für den Einzelnen emotional oder gar existenziell herauskommt. Nichts darüber, wie es uns wirklich geht. Der *Impact,* also die Wirkung auf die Gesellschaft oder auf den Einzelnen, wird nicht dargestellt. Schon gar nichts kann über das Glück der Menschen ausgesagt werden. Glück ist, zumindest für uns Europäer, eine höchst individuelle Sache und kann nicht objektiv gemessen werden. Und vor allen Dingen, es kann niemals zentral gesteuert werden. Auch nicht in Bhutan. Die Menschen leben dort eher wie die Menschen im ehemaligen planwirtschaftlich regierten Ostblock als wie Menschen in einer spirituell höherstehenden Gesellschaft.

Das BIP ist ein Werkzeug, um die Wirtschaft zu verstehen, unter der Voraussetzung, dass wir die Grenzen seiner Anwendung kennen. Das meint in etwa auch Diane Coyle, die 2014 ein Buch darüber geschrieben hat *(GDP: A Brief but Affectionate History).* Das BIP ist nach wie vor die einzige brauchbare Größe, um zu verstehen, was in der letzten Globalisierungswelle mit der Weltwirtschaft und mit Afrika passiert ist. Es sagt viel über die Machtverschiebungen auf der Welt aus. Es sagt aber nichts über das Wohlbefinden einer Gesellschaft oder der Menschen aus. Diese Unterscheidung ist wichtig, vielleicht derzeit weniger für Afrika, wo der materielle Bedarf im Mittelpunkt steht, aber für Europa, wo immer mehr Menschen den Sinn ihrer wirtschaftlichen »Inputs« infrage stellen.

Die Zahlen zum BIP zeigen deutlich, dass die afrikanischen Länder materiell und wirtschaftlich boomen. Das habe ich im ersten Kapitel dargestellt. Sie zeigen ebenso klar, dass wir Europäer wirtschaftlich weiterhin größtes Gewicht in der Welt haben.

Bei der Bewertung wirtschaftlicher Stärke dürfen wir allerdings nicht nur die absoluten Größenverhältnisse heranziehen, wir müssen auch die Veränderungen betrachten. Dazu gibt es eine interessante Diskussion.

Kishore Mahbubani, der viel beachtete Denker aus Singapur, verwendet für den Vergleich der Wirtschaftsräume absolute Größen. Er spricht von der Ablöse des Westens als Weltmacht und sieht das asiatische Zeitalter anbrechen. In absoluten Zahlen hat die Dominanz Europas bzw. des *Westens* nur zweihundert Jahre gedauert, meint er, und das war die Ausnahme von der Regel. Denn erst um 1820 hat das BIP Europas das von Asien übertroffen. Und jetzt erleben wir gerade, wie die in absoluten Zahlen gemessene Wirtschaftskraft Asiens wieder dabei ist, die des Westens zu überflügeln. Der Normalzustand wird wiederhergestellt.

Aber diese Bewertung in rein absoluten Größen zeigt nicht das ganze Bild. Die Dominanz Europas in der Welt begann wohl schon 300 Jahre früher, zuallererst mit der Öffnung des *Denkens*. Die kopernikanische Wende mit der Absage an das geozentrische Weltbild, das die Erde in den Mittelpunkt des Geschehens stellt, und das humanistische Weltbild ebneten den Weg Europas zu einer wissenschaftlichen, technologischen und schließlich wirtschaftlichen und politischen Dominanz. Wirtschaftshistoriker haben errechnet, dass sich das BIP pro Einwohner in Europa ab dem 15. Jahrhundert zu vervielfachen begann, während es in China und Indien stagnierte.

Ja, es geht um die Dynamiken. Europa muss heute auf der Hut sein, denn andere Länder entwickeln sich viel dynamischer. Europa hat zwar eine gute wirtschaftliche Substanz und ist in absoluten Größen gemessen noch immer eine Supermacht, aber ...

... von welchem Europa sprechen wir eigentlich?

Kapstadt, Südafrika. 2008. » ... und Sie müssen den Teilnehmern unbedingt sämtliche Unterlagen in den schönen Ordnern mitbringen. Mit all den schönen Grafiken und visuellen Aufbereitungen. Wie in Deutschland!« Sagt der deutsche Geschäftsführer einer Niederlassung eines deutschen Maschinenbauunternehmens in Südafrika. Er berichtet über seine tagtäglichen Herausforderungen hier in Südafrika. Die fehlenden Facharbeiter, das formalistische Arbeitsrecht, das heikle Rassenthema, die mangelnde Infrastruktur.

Sein Führungsteam soll in modernem Management geschult werden. So wie wir das in Europa machen. Management heißt, daran arbeiten, Ergebnisse zu erzielen. Genau diese fehlende Umsetzungskapazität ist der Engpass. Gutes Management baut auf vier Elementen auf: einigen Grundsätzen, den Aufgaben und einigen nützlichen Werkzeugen. Diese drei Dinge kann man lernen. Das vierte Element, das Übernehmen von Verantwortung, kann man nur vorleben und die Bedingungen dazu schaffen. Dieses Element erfordert immer eine persönliche Entscheidung der Person. Genau das soll der Inhalt des Seminars sein.

Das *Was* des Managements ist überall auf der Welt gleich. Es müssen immer Ziele vorgegeben werden, es muss immer organisiert werden und es müssen immer Entscheidungen getroffen werden. Und es geht immer um die Förderung und Weiterentwicklung von Menschen. Nur das *Wie* des Managements ist kulturell unterschiedlich. Zum Beispiel ist hier in Südafrika alles viel hierarchischer als bei uns in Europa. Entscheidungen werden zumeist von wenigen ganz oben getroffen. Und es gibt viel weniger direkte Kommunikation zwischen Vorgesetzten und Mitarbeitern.

Der deutsche Geschäftsführer und ich sind uns einig, in Deutschland und in Europa überhaupt bewegen sich die Menschen auf viel festerem Boden, ihr Umgang miteinander baut auf äußere Sicherheiten. Politische Macht artet nicht in Willkür aus. Stabile rechtliche Rahmenbedingungen sind eine Grundfeste. Wirtschaftliche Bewegungsfreiheit ist selbstverständlich. Eine gut organisierte und funktionierende Zivilgesellschaft ist die logische Konsequenz. Aus der Entfernung verschwimmen die Unterschiede zwischen Deutschland, Frankreich oder Spanien und der Unterschied zwischen hier und Europa wird viel deutlicher.

▪

Das *geografische* Europa reicht vom Atlantik bis zum Ural und von Norwegen bis nach Kreta. Derzeit sind es 47 Länder, die darin Platz finden. Das lernen wir in der Schule und es ist relativ einfach zu definieren (wenn es auch dazu unterschiedliche Theorien gibt). Als *politisches* Europa wird allgemein die Europäische Union mit ihren derzeit 28 Mitgliedsländern gesehen. Für dieses Europa werden auch die Statistiken wie die zum BIP geliefert. Es fehlen dabei allerdings zum Beispiel die Schweiz und Norwegen. Sind diese beiden Länder aber nicht doch ein wesentlicher Teil Europas, wenn es darum geht, Europa in Beziehung zur restlichen Welt und zu Afrika zu setzen?

»Europa, das kann man nicht oft genug wiederholen, ist kein Ort, sondern eine Idee.« Diesen Satz schrieb der französische Kulturphilosoph Bernard-Henri Lévy Anfang 1995.

Aus Johannesburg, fast neuntausend Kilometer vom Zentrum Europas entfernt, ist das *kulturgeschichtliche* Europa viel leichter zu erkennen. Der feste Boden, auf dem sich die Menschen bewegen, ist das Resultat unserer gemeinsamen Geschichte. Darin unterscheidet sich Europa von allen anderen Ländern und Kontinenten der Welt. Seine Wurzeln liegen in den humanistischen Idealen des antiken Griechenlands und des Römischen Reiches, im Zeitalter der Renaissance, in der Aufklärung und Reformation, in der »Eroberung« der Neuen Welt, der industriellen Revolution, im »langen« nationalstaatlich dominierten 19. Jahrhundert, in der »Urkatastrophe« des Ersten Weltkriegs und dem noch schrecklicheren Zweiten Weltkrieg. Schließlich in der Zeitenwende in den frühen 1990ern und dem Ende des Kalten Kriegs.

Eine machtvolle, rühmliche, aber auch im engsten Sinne des Wortes verheerende und höchst leidvolle, aber letztendlich verbindende Geschichte. Aus der Gemeinsames hervorgegangen ist.

Das humanistische Weltbild ist der Anker, der die Länder Europas verbindet und ihnen einen inneren Zusammenhalt gibt. Dahinter stehen »europäische Werte« als wichtiger Bestandteil europäischer Identität. Der Mensch steht im Mittelpunkt des Denkens und Tuns. Rationales Denken und die Vernunft sind die Basis von Entscheidungen. Eine strenge Trennung der Machtbereiche von Politik und Religion sichern die Freiheit des Einzelnen.

Trotz der grausamen Kolonialgeschichte sind es die auf den europäischen Werten aufbauenden Institutionen, die heute die Modernisierung in Afrika und in den meisten anderen Entwicklungs- und Schwellenländern prägen: freie Marktwirtschaft, repräsentative Demokratie, Rechtsstaatlichkeit, eine freie Zivilgesellschaft. Diese Institutionen waren letztendlich auch die Grundlage für den Globalisierungsschub in der nicht-westlichen Welt in den vergangenen Jahrzehnten.

Das kulturgeschichtliche und geistige Europa wird zukünftig bestimmen, welchen Platz das geografische Europa und seine Menschen in der Welt einnehmen werden. Die europäische Union und ihre Mitgliedstaaten sind derzeit die mächtigste Struktur, um die europäischen Werte in der Welt zu vertreten.

Deutschland, Österreich und die Schweiz leisten dazu jedenfalls einen nicht zu unterschätzenden Beitrag.

Hidden Champions

Kap Verde, 1985. Das kleine Land mit seinen neun bewohnten Inseln ist seit zehn Jahren unabhängig. Die Zahlungen der Emigranten aus dem Ausland und die Entwicklungshilfe bringen Devisen ins Land. Sichtbares Zeichen sind die im ganzen Land entstehenden Baustellen. Schulen, Verwaltungsgebäude und Wasserentnahmestellen werden errichtet. Auch die Privaten erweitern und sanieren ihre Wohnhäuser. Vor allem: Die Stroh- und Ziegeldächer werden durch Stahlbetondecken ersetzt.

Die einfache Stahlbetondecke ist der Vorbote der Globalisierung. Nicht nur in Kap Verde oder Festland-Afrika, auch in Europa. Südeuropa-Reisende kennen die ein- oder zweigeschossigen Häuser mit Flachdach und Bewehrungseisen, die in alle Richtungen verbogen in die Luft ragen.

Doch Stahlbeton benötigt Zement, und dieser muss importiert werden. Das kostet Devisen. Entwicklungshilfeorganisationen basteln an Alternativen. Auf einer Insel gibt es Kalk, deutsche Projekte experimentieren mit Dachkonstruktionen. Aus Kalk und Sand kann kein Flachdach gebaut werden. Zwiebeltürme werden stolz als Lösung vorgeführt. Ein italienisches Projekt macht Versuche mit Betonfertigteilen, schmal dimensionierten Trägern und gewölbten Betonziegelsteinen. Auch hier wird Zement benötigt, aber der Bedarf reduziert sich auf ein Drittel.

Doch die Rechnung geht nicht auf. Kein einziges Haus wird von einem Privaten freiwillig nach diesen Vorlagen gebaut. Niemand will seinem Nachbarn mit einer »Kirche mit Zwiebelturm« gegenübertreten. Und die Italiener haben die Eigenheiten der *informellen Wirtschaft* nicht beachtet.

Für ein selbst gebautes einfaches Stahlbetonflachdach müssen nur die Zementsäcke und Bewehrungseisen gekauft werden. Alles andere sind Nachbarschaftsdienste oder Tauschgeschäfte. Als Schalungsmaterial werden alte Bretter, Bleche und Holzpfosten verwendet. Der Sand wird vom Strand geholt, von den Frauen und Kindern mit Kübeln auf dem Kopf. Wenn alle Materialien vorhanden sind, werden zwei Maurer und die Nachbarschaft organisiert. Die Maurer biegen und binden die Eisen, der Beton wird von Hand gemischt und von den vielen Helfern in einer langen Schlange auf das Dach gehievt. Kosten: ein großes gemeinsames Essen am Ende des Tages und eventuell der Tageslohn der Maurer.

In einem eigenen Bauhof hergestellte, von einem Lastwagen heranzuschaffende, von Spezialisten zu montierende und in Geld zu bezahlende Betonfertigteile haben da preislich keine Chance.

Mosambik, 2014. Ich treffe Roland Temper, einen Endzwanziger aus Niederösterreich. Er arbeitet für die Firma *Doka*, ein österreichisches Unternehmen, das Schalungsmaterial herstellt. Das sind die Platten und Formen, in die Bewehrungseisen gelegt und der Beton zur Aushärtung gegossen wird. Aber Schalungsmaterial ist nicht Schalungsmaterial. *Doka* geht auf einen vor fast 150 Jahren gegründeten Zimmerei- und Sägewerksbetrieb zurück. Um 1900 wurden Montagegerüste für den Brückenbau gefertigt, ab den 1950er-Jahren die Schalungen für die Staumauern der Donaukraftwerke. Daher auch der Name *Doka*. Die Entwicklung eines kranunabhängigen »selbstkletternden« Schalungssystems für den Hochhausbau war ein weiterer Meilenstein. *Doka* hat damit zum Beispiel auch die Schalungen für das im Jahr 2010 fertiggestellte höchste Gebäude der Welt – den 830 Meter hohen Burj Khalifa in Dubai – gefertigt und montiert. Heute beschäftigt *Doka* über 7000 Mitarbeiter in 70 Ländern.

Roland baut gerade die Vertriebsniederlassung in Mosambik auf. *Doka* will hier seine vielfach bewährten Schalungssysteme einsetzen. Lokales Personal wird angestellt, ein portugiesisch sprechender Niederlassungsleiter gesucht. Niemand auf der Welt kennt sich mit Betonschalungen besser aus als *Doka*. Und Mosambik braucht moderne Schalungstechnologien für die neu zu errichtenden Infrastrukturen, die Hochbauten des Staates, die Bauten der jetzt ins Land strömenden internationalen Unternehmen und für den privaten Wohnbau. *Doka* ermöglicht ganz neue technische Lösungen und kostengünstige Ausführungen. Eine große Marktchance für *Doka*, in einem Land mit boomender Baubranche.

■

In den dreißig Jahren, die zwischen den beiden Berichten aus Kap Verde und Mosambik liegen, ist die Welt in Afrika eine andere geworden. Die Zunahme der weltweiten Arbeitsteilung, im zweiten Kapitel habe ich sie als »Konstante der Menschheitsgeschichte« bezeichnete, hat in Afrika einen »Schub« bekommen.

In Kap Verde gibt es den informellen Hausbau mit nachbarschaftlicher Beteiligung fast nicht mehr. Wenn, dann mit

Beteiligung von Bauingenieuren, unter Bauaufsicht der Baubehörde und mit professionellem Schalungsmaterial.

In Mosambik mag der informelle Hausbau in den entlegenen ländlichen Regionen noch vorherrschen. Aber in jeder Bezirkshauptstadt und eigentlich auch schon in jedem kleineren Ort werden die Bautätigkeiten von formellen Unternehmen mit Zugang zu modernen Materialien und Technologien ausgeführt.

Genau diese Unternehmen bringen die zunehmende internationale Arbeitsteilung in die entlegensten Regionen Afrikas. Neue Technologien und neues Know-how tragen so zu materiellen Verbesserungen bei.

Die deutsche Wirtschaft leistet dabei einen eigenständigen und viel beachteten Beitrag – mit den »*Hidden Champions*«. Der Ausdruck *Hidden Champion* wurde vom deutschen Managementdenker Hermann Simon geprägt und bezeichnet die kleineren und mittelständischen Unternehmen, die sich während der letzten Globalisierungswelle selbst »globalisiert« haben. Weitgehend unbeachtet sind mehr als 1300 deutsche Unternehmen mit ihren hochspezialisierten Produkten Marktführer in Europa, Top-3 am Weltmarkt oder überhaupt Weltmarktführer geworden. Diese Unternehmen haben bereits 2010 893 Milliarden Euro umgesetzt und 5,6 Millionen Menschen beschäftigt. Sie tragen ganz entscheidend zum deutschen Exporterfolg bei.

Erntemaschinen, Gepäckröntgenanlagen für Flughäfen, Fischverarbeitungsanlagen, Fassaden für Wolkenkratzer, Verwertungsanlagen für Tier- und Lebensmittelabfälle, Gleitlager aus Kunststoff, Vakuumverpackungsmaschinen, Uhrenzeiger, Rastertunnelmikroskope, Navigationsgeräte für chirurgische Eingriffe, Kamerastative, Orgeln, Bühnenvorhänge, Rollleinen für Hunde – all das und vieles mehr exportieren deutsche Unternehmen in eine immer arbeitsteiligere Welt hinaus. Zufriedene Kunden bezahlen gerne dafür. Weltweit.

Diese erfolgreiche Form des realen Wirtschaftens beschränkt sich im Übrigen nicht nur auf Deutschland, sondern sie gibt es im gesamten deutschen Sprachraum, wie wir am Beispiel *Doka* gesehen haben. In der Schweiz und in Österreich hat Hermann Simon 110 bzw. 116 *Hidden Champions* identifiziert. In jedem der drei Länder kommt man auf 14 bis 16 Hidden Champions pro einer Million Einwohner.

Hidden Champions sind eine Besonderheit der Länder des deutschsprachigen Raums. Mit Ausnahme von Luxemburg, das statistisch zu klein für einen Vergleich ist, kommt kein einziges Land annähernd an die Anzahl der Hidden Champions des deutschsprachigen Raums heran. Einzig die Gruppe der skandinavischen Länder und – interessanterweise – Slowenien können, weit abgeschlagen, aber doch vier bis fünf Hidden Champions pro einer Million Einwohner aufweisen. In allen anderen Länder, von USA bis China, von Japan bis Südkorea, von der Türkei bis Russland und Brasilien, spielen die kleinen und mittleren Unternehmen für den Weltmarkt keine bedeutende Rolle. Sie sind nicht Teil des »exponierten Sektors«, wie die Volkswirte sagen, der Unternehmen, die mit der Welt konkurrieren.

Die international orientierte mittelständische Wirtschaft ist eine Besonderheit des deutschsprachigen Raums. Sie hat sich in die globalisierte Welt gut eingeklinkt. Sie ist eines der wirtschaftlichen Erfolgsgeheimnisse Deutschlands, der Schweiz und Österreichs.

Wie ist es zu dieser deutschen Besonderheit gekommen?

Mit einem einfachen Ursache-Wirkung-Denken kann die Frage nicht beantwortet werden. Vielmehr kommt es, wie so oft, auf unterschiedlichste Faktoren und vor allem deren Zusammenspiel an.

Deutschland war lange eine Ansammlung von Kleinstaaten und hat unternehmerische Initiativen schon immer dazu gezwungen, über die Grenzen hinaus, also »international« zu denken. Die Handwerkstradition im deutschsprachigen Raum reicht bis ins Mittelalter zurück, war immer schon sehr ausgeprägt und manch moderne Technologien lassen sich noch heute darauf zurückführen. Der Anteil des produzierenden Gewerbes war immer größer als in anderen Industrieländern, auch in Zeiten der Abwanderung dieses Sektors in die Billiglohnländer Asiens. Konkurrenzverhältnisse, regionale Unternehmenskonzentrationen und Industriecluster haben sich gegenseitig befruchtet. Das erfolgreiche duale Ausbildungssystem konnte handwerkliche Fertigkeiten und Bildung zusammenführen. Günstige politische Rahmenbedingungen garantierten Eigentumsrechte, Rechtssicherheit und tragbare Steuern und ließen Korruption zu keinem entscheidenden Thema werden.

Hinzu kommt in der jüngeren Vergangenheit die »mentale Internationalisierung« des deutschen Sprachraums, wie Hermann Simon es nennt. Eine Offenheit sowohl der Jugend als auch von Führungskräften für Neues brachte einen Schub von Auslandserfahrungen für Schüler, Studenten, Facharbeiter und Manager mit sich. Die Fremdsprachenkenntnisse sind ungleich besser ausgeprägt als zum Beispiel in Italien, Spanien oder Frankreich. Ein großer Pool auslandsbereiter Mitarbeiter und eine fortschrittliche Personalentwicklung der Unternehmen sind weitere Elemente. (Oft im krassen Gegensatz zu populistischer Ausländerfeindlichkeit.)

Und was machen diese Unternehmen, die sich still und heimlich globalisiert haben und zum Teil zu Weltmarktführern aufgestiegen sind, anders als ihre Mitbewerber zu Hause oder in anderen Ländern?

Wertschätzung

Bei vielen der mittelständischen Weltmarktführer stechen zwei Dinge hervor: die absolute Kundenorientierung und ein modernes, wertschätzendes Management.

Hidden Champions fokussieren sich auf die Lösung ganz bestimmter Probleme ganz bestimmter Kunden. Weltweit. Es entstehen neue, hochinnovative Produkte und Leistungen. Hidden Champions generieren Nutzen für ihre Kunden.

Bei ihrer Expansion in ferne Länder mussten diese Unternehmen viele Hindernisse überwinden. Von Einfuhrbeschränkungen über unterschiedlichste bürokratische Vorgaben und restriktive Gesetzgebungen für Ausländer bis zum Umgang mit politischen Instabilitäten. Diese Herausforderungen haben neue Führungskulturen entstehen lassen.

Natürlich mussten dabei auch viele interne Widerstände überwunden werden. Teilweise wurden wegen der neuartigen Anforderungen sogar ganz neue Organisationsmodelle geschaffen. Aber heute, aus Johannesburg und damit aus weiter Entfernung betrachtet, sehen wir eine Gemeinsamkeit all dieser Unternehmen des deutschsprachigen Raums. Sie haben *wertschätzende Unternehmenskulturen* entstehen lassen, die eine offene Kommunikation erlauben, auf selbst organisierte Einheiten setzen und grundsätzlich den Mitarbeitern und Kunden Wertschätzung entgegenbringen. In der Regel mit hochqualifizierten und hochmotivierten Mitarbeitern.

Ein Schlüssel zum Erfolg in fernen Ländern war immer auch das Verstehen der Menschen anderer Kulturen. Ein Knackpunkt liegt dabei in gelungener Kommunikation. Der direkten Kommunikation mitteleuropäischer Kulturen steht dabei oft eine in afrikanischen Ländern vorherrschende indirekte Art des sich Verständigens gegenüber.

»Die Frau Tavares ist hier!« kann vieles bedeuten. Dass sie

physisch anwesend ist. Klar. Aber auch, dass es opportun wäre, sie genau jetzt zu empfangen. Oder, abhängig vom Kontext, dass sie mit einer bestimmten Entscheidung der Geschäftsführung nicht einverstanden ist.

Hinzu kommt in vielen afrikanischen Gesellschaften eine unterschiedliche Gewichtung der Dinge, die als wichtig angesehen werden. Die Kommunikationswissenschaften sprechen von einer stark ausgeprägten Familien- und Gemeinschaftsorientierung, die auf die Ich-Orientierung westlicher Gesellschaften trifft. In Afrika tätige europäische Führungskräfte können ein Lied davon singen. Sie müssen mit den vielen Abwesenheiten ihrer Angestellten erst umgehen lernen, wenn diese schon wieder auf einer Begräbnis-, Hochzeits- oder sonstigen Familienfeierlichkeit sind.

Gelungene Kommunikation bedingt Offenheit. Am besten in Kombination mit Neugierde auf das Neue. Und jedenfalls Respekt vor dem anderen. Nur dann kann es gelingen, so etwas wie eine Vertrauenskultur aufzubauen. Für Organisationen ist das eine wichtige Voraussetzung zum Erfolg. Das haben viele der erfolgreichen deutschsprachigen Unternehmen gelernt.

Und das hat, meine ich, mit dem zu tun, was ich weiter oben als europäische Werte beschrieben habe.

Das sehen wir viel besser, wenn wir weit weg von Europa sind, zum Beispiel in Johannesburg.

Exportweltmeister

Und der Erfolg gibt diesen Unternehmen recht.

Deutschland hat 2013 Waren im Wert von 1,09 Billionen Euro ausgeführt. Bei einem BIP von 2,8 Billionen Euro ist das eine Exportquote von 40 Prozent. Das ist für ein Land mit 83 Millionen Einwohnern enorm. Im Vergleich dazu haben das siebzehnmal größere China Waren im Wert von 1,6 Billionen Euro exportiert, die viermal größeren USA 1,15 Billionen Euro, das um ein Viertel kleinere Großbritannien 596 Milliarden Euro und das um die Hälfte größere Japan 511 Milliarden Euro.

Exportzahlen von Ländern unterschiedlicher Größe sind nur bedingt vergleichbar. Denn je kleiner eine Volkswirtschaft ist, desto größer ist automatisch die Exportquote. (Stellen Sie sich das kleine Liechtenstein vor. Eingebunden in eine arbeitsteilige Weltwirtschaft kann es nur wenige Dinge selbst erarbeiten und hat damit eine gegen einhundert Prozent strebende Exportquote.) Professor Heiner Müller-Merbach schlägt deswegen vor, das geometrische Mittel aus den absoluten Größen der Exporte und den Exporten pro Einwohner zu vergleichen. Mit dieser Methode schlägt Deutschland Großbritannien um das Zweieinhalbfache, die USA um das Dreieinhalbfache, und Japan und China um über das Siebenfache.

Deutschland ist Exportweltmeister. In absoluten Zahlen war es dies zwar nur Ende der 1980er-Jahre und dann wieder von 2003 bis 2008. Mittlerweile ist China unangefochten Erster. Aber wenn wir die Größe der Länder berücksichtigen, sind wird das nach wie vor. Sogar mit großem Abstand.

Deutschland hat damit derzeit die wettbewerbsfähigste Wirtschaft der Welt. Deutsche Produkte bürgen für Qualität und werden deswegen auf der ganzen Welt nachgefragt. Autos, Maschinen, chemische Produkte, Datenverarbeitungsgeräte, elektrische Anlagen, Kunststoffwaren – das kauft die Welt aus Deutschland. In diesen Bereichen sind viele deutsche Unternehmen ihren Mitbewerbern weit voraus.

Im Moment können wir uns im deutschen Sprachraum also freuen, wir haben eine eigene, ganz besondere Art und

Weise entwickelt, wie wir erfolgreich auf die Herausforderungen der Globalisierung und die weltweiten Machtverschiebungen reagieren. Unsere Klein- und Mittelbetriebe sind weltweit konkurrenzfähig und sind eine gute Basis, um unseren materieller Wohlstand zu sichern. Innerhalb Europas und auf der Welt im Ganzen.

Und wir sind Teil der Europäischen Union, die in Afrika immer noch gut aufgestellt ist.

Wir geben gerne

»Sie fahren jetzt von Brüssel ab und ich lade Sie ein, wiederzukommen. Wie ein altes afrikanische Sprichwort sagt: ›Kehre zur Wasserstelle nicht nur des Wassers wegen zurück; auch deine Freunde und Träume warten auf dich.‹« Sagte Herman Van Rompuy, Präsident des Europäischen Rates bei seinem Abschlussstatement zum EU-Afrika Gipfeltreffen am 3. April 2014.

Zwei Tage lang hatten über 60 Staats- und Regierungschefs aus Afrika und der Europäischen Union in Brüssel konferiert. Unter dem Titel »In Menschen, Wohlstand und Frieden investieren«.

Es war China, das mit diesen groß angelegten Gipfeltreffen vor einigen Jahren begonnen hat. Es hatte dadurch enorme Aufmerksamkeit und viel Wohlwollen afrikanischer Staatenlenker eingeheimst und hat damit die Standards gesetzt. Aber jetzt ist Europa wieder zurück auf der Bühne. Von jetzt an soll das EU-Afrika-Gipfeltreffen wieder alle drei Jahre stattfinden, das nächste 2017.

∎

Wenn es eine nach außen gerichtete Gemeinsamkeit der Europäischen Union gibt, also eine Politik, die nicht die internen Verhältnisse betrifft, sondern die Außenbeziehungen, und wenn diese eine lange Tradition hat, ist es die europäische Entwicklungspolitik.

Schon in den *Römischen Verträgen* von 1957, also bei der Gründung dessen, was wir heute die Europäische Union nennen, waren Maßnahmen zur Förderung der Überseegebiete in Afrika, damals noch Kolonien Großbritanniens und Frankreichs, vorgesehen. 1959 wurde der *Europäische Entwicklungsfonds* gegründet, der seitdem Projekte und Programme zur Förderung der wirtschaftlichen und sozialen Entwicklung finanziert.

Seit über fünfzig Jahren wird dieser Fonds immer wieder neu dotiert, zunächst im Fünfjahresrhythmus, dann im Siebenjahresrhythmus. Waren zunächst nur die ehemaligen britischen und französischen Kolonien die Zielländer, sind es heute die sogenannten AKP-Länder, die Gruppe der afrikanischen, karibischen und pazifischen Staaten. Insgesamt 48 afrikanische, 16 karibische und 15 pazifische Länder.

Die Mitgliedsstaaten der EU zahlen direkt in den Fonds ein. Der 11. Europäische Entwicklungsfonds wird von 2014 bis 2020 laufen und hat 30,5 Milliarden Euro zur Verfügung.

Der Europäische Entwicklungsfonds ist die wichtigste Hilfsinstitution der Europäischen Union. Aber er ist nur ein Teil eines umfassenden Förder- und Hilfswerks.

Die OECD hat berechnet, dass die Europäische Union und ihre Mitgliedsländer zwischen 2008 und 2012 jährlich zwischen 74 und 82 Milliarden Euro an Entwicklungshilfe geleistet haben. Nach Afrika gingen pro Jahr zwischen 20 und 22 Milliarden Euro. Private Spenden und Hilfsleistungen nicht miteingerechnet.

Die Europäische Union und ihre Mitgliedsländer sind damit der mit Abstand größte Geber der Welt, sie leisten knapp die Hälfte der weltweiten Entwicklungshilfe.

Die europäische Entwicklungspolitik hat es sich zur Aufgabe gesetzt, *die Armut in der Welt zu vermindern, nachhaltige Entwicklung zu sichern und Demokratie, Frieden und Sicherheit zu fördern.* Dabei stehen Rechtsstaatlichkeit, *Good Governance* und die Einhaltung der Menschenrechte im Mittelpunkt. So steht es heute im *Mission Statement* der zuständigen Generaldirektion in der Europäischen Kommission.

In Afrika wird eine Vielzahl unterschiedlichster Projekte und Programme unterstützt. Nahrungsmittelsicherheit, die Wettbewerbsfähigkeit des Privatsektors, regionale wirtschaftliche Integration und Infrastrukturaufbau sind die wichtigsten Bereiche. Mit jedem Land werden umfangreiche Landesprogramme ausgearbeitet und abgewickelt.

Die Europäische Union ist so gut wie in jedem der 54 afrikanischen Länder mit einer eigenen Delegation vertreten. Die Leiter der Delegationen sind in den jeweiligen Ländern hochgestellte Persönlichkeiten, sie arbeiten eng mit den lokalen Regierungen zusammen und bestimmen über die Auszahlung der Hilfsmittel. Zusätzlich unterhalten viele der Mitgliedsländer eigene Kooperationsbüros zur Verwaltung und Abwicklung der bilateralen Hilfsprogramme.

Es wird gesagt, dass diese Vertreter der Geberorganisationen in vielen afrikanischen Ländern eine Art »Schattenregierung« darstellen. Laut einer Studie des Londoner Thinktanks Action Aid gab es im Jahr 2010 noch immer 16 afrikanische Länder, die mehr als 40 Prozent ihres Staatshaushalts mit Hilfsgeldern bestritten.

So wurde in den letzten Jahren in Mosambik über die Hälfte des staatlichen Budgets mit Hilfsgeldern finanziert. Die Repräsentanten der 19 Geberländer, die direkte Budgethilfe leisten, haben sich zur Gruppe der »G19« zusammengeschlossen. Gemeinsam führen sie den »politischen Dialog« mit der Regierung. Wenn hier auch die Diplomatie im Vordergrund steht, es versteht sich von selbst, dass in diesem Dialog wichtige politische Entscheidungen für das Land getroffen werden.

Europa leistet also beträchtliche Entwicklungshilfe und regiert in vielen afrikanischen Ländern mit. Wie kann da eine Gefahr bestehen, dass Europa zum abgehängten Kontinent wird, wie ich es im zweiten Kapitel geschrieben habe? Als wichtigster Geber von Entwicklungshilfe muss Europa doch eindeutig über Afrika stehen.

Warum müssen wir etwas in unseren Beziehungen zu Afrika ändern? Ist Afrika als Kontinent wirtschaftlich überhaupt bedeutend genug, um für Europa relevant zu sein?

Anfang der 1990er-Jahre war die Wirtschaftsleistung allein Deutschlands noch fünf Mal so groß wie die des gesamten afrikanischen Kontinents. 2009 war sie noch doppelt so groß. Für das Jahr 2014 wird das BIP Afrikas auf 2,1 Billionen Euro geschätzt, Deutschlands BIP auf 2,9 Billionen Euro.

In wenigen Jahren wird zwar Gleichstand erreicht sein, aber noch scheint Afrika vergleichsweise klein und unbedeutend für Europa zu sein. Auch wenn die Veränderungen und Dynamiken in unserem globalen Dorf die aktuell 1,1 Milliarden Afrikaner zukünftig zu den sich am schnellsten entwickelnden zwei Milliarden Menschen der Welt machen werden.

Schätzungen gehen davon aus, dass die afrikanischen Länder im Jahr 2050 zumindest zehn Billionen Euro erwirtschaften werden. Optimisten wie Charles Robertson in seinem Buch *The fastest Billion* sprechen von 23 Billionen Euro. Aber das ist reine Spekulation. Und vor allem, bis dahin hat Europa Zeit genug, um sich wieder in Stellung zu bringen.

Europa ist eine globale Macht, die den Fortgang der Globalisierung noch immer wesentlich mitbestimmen kann. Das kulturgeschichtliche Europa hat die institutionellen Grundlagen für den Aufstieg der nicht-westlichen Welt geschaffen – repräsentative Demokratie, freie Marktwirtschaft, unabhängige Rechtssysteme und eine freie Zivilgesellschaft. Europa ist in absoluten Zahlen noch immer der größte Wirtschaftsblock der Welt und hat mit Deutschland und seiner mittelständischen Wirtschaft ein globales Erfolgsmodell entwickelt, das nicht nur Einkommen und Wohlstand zu Hause sichert, sondern darüber hinaus auch die Weltwirtschaft entscheidend mitprägen kann.

Europa, vor allem aber Deutschland und der gesamte deutsche Sprachraum, haben damit die besten Chancen, weiterhin eine bestimmende und wichtige Kraft im globalen Dorf zu sein.

Und in Afrika ist Europa als größter Geber von Entwicklungshilfe nach wie vor ein wichtiger Machtfaktor. Warum also sollten wir Europäer ein abgehängter Kontinent werden? Sind wir in den afrikanischen Ländern mit unserer Entwicklungshilfe nicht präsent genug, um dann, wenn der Boom in Afrika eine für uns kritische Größe erreicht haben wird, auch wirklich dabei zu sein?

4 · Hilfe, die nicht hilft

März 2005. Am kleinen Flughafen der Provinzstadt Beira in Mosambik, vor dem Rückflug in die Hauptstadt Maputo. Der Vertreter der Österreichischen Entwicklungskooperation hat mir soeben den Text der »Erklärung von Paris« gegeben. Die abendliche Dämmerung bringt etwas Abkühlung in die tropische Schwüle. Ich habe einen anstrengenden, aber erfolgreichen Tag hinter mir.

Aber jetzt kann ich meinen Augen nicht trauen. Eingezwängt im Sitz des kleinen Propellerflugzeugs und gebeutelt vom böigen Wind versuche ich die wichtigsten Stellen des Textes zu markieren. »Wir, die für die Förderung der Entwicklung zuständigen Ministerinnen und Minister aus Industriestaaten und Entwicklungsländern sowie Leiterinnen und Leiter multilateraler und bilateraler Entwicklungsinstitutionen ... verpflichten uns ... die gesamte Unterstützung ... auf die nationalen Entwicklungsstrategien der Partnerländer ... zu gründen ...« Die gesamte Entwicklungshilfe soll von den lokalen Behörden ausgeführt werden. Nach lokalen Kriterien sollen die Gelder ausgegeben werden.

Gerade noch habe ich mit der Provinzregierung verhandelt. Von der österreichischen Entwicklungskooperation haben wir den Auftrag, lokale Gemeinden und Bezirksverwaltungen beim Aufbau ihrer Infrastruktur zu unterstützen. Gemeindegebäude werden saniert, neue errichtet, Ausrüstung für die Baubehörde angeschafft, das lokale Personal geschult. Unsere Aufgabe ist es, die Arbeit zu organisieren und mit Geldern der Entwicklungszusammenarbeit zu finanzieren. Dazu haben wir lokale Personen angestellt und draußen in den Bezirken kleine Büros eingerichtet.

Alle Arbeiten stimmen wir mit der Provinzregierung ab, mit den Bezirksverwaltungen und Gemeinden werden die Investitionen im Detail geplant und ausgeführt. In diesem Geflecht von Institutionen und Interessen ist es nicht immer einfach, das zu tun, was vorgesehen ist. Das Geld soll für Unterstützungsleistungen draußen am Land in den Bezirken und Gemeinden eingesetzt werden. Aber die übergeordnete Provinzregierung will auch ihren Teil vom Kuchen. Wie so oft geht es um Dienstautos und Gehaltszuschüsse. Dienstautos haben wir zugesagt, die Mitarbeiter der Provinzregierung sollen damit aufs Land fahren und den Projektfortschritt kontrollieren.

Aber warum um alles in der Welt sollen die beamteten Mitarbeiter der Provinzregierung, die ja zu den wenigen im Land gehören, die ein fixes Gehalt beziehen, vom Projekt zusätzlich entlohnt werden? Weil ihre Verantwortung steigt, wenn sie die Bauvorhaben kontrollieren? Wegen des zusätzlichen Arbeitsaufwands? Nein, das wollen wir nicht bezahlen, das ist deren ganz normaler Job.

Aber die »Perdiems«. Das sind die Kostenerstattungen bei Dienstreisen. Wie bei uns in Europa bekommt auch in Mosambik jeder Beamte bei Dienstreisen eine Entschädigung für seinen Zusatzaufwand. Auswärts essen und schlafen. Und wieder haben wir verhandelt. Wir mussten uns schlussendlich beugen. *Perdiems* sind arbeitsrechtlich verpflichtend auszuzahlen. Die Aufwandsentschädigung für drei Tage auf dem Land bringt einem Provinzbeamten ein zusätzliches Monatsgehalt. Das ist der lokale Standard bei Entwicklungsprojekten. Eine versteckte Gehaltserhöhung für Beamte der Provinzregierung.

Diese Verhandlungssituation habe ich in vielen staatlichen

Entwicklungsprojekten erlebt, sie läuft immer ganz ähnlich ab. Die ausländische Organisation versucht einen möglichst großen Teil des Budgets im Sinne der Zielsetzungen des Auftrags und der Zielgruppe zu verwenden. Der staatliche Projektpartner aber vertritt die Interessen seiner Institution oder, in extremeren Fällen, seine persönlichen.

Das ist das normale Setting bei Hilfsprojekten. Es ist die logische Folge davon, dass Hilfsgelder immer Gelder sind, die ein Dritter bezahlt, ferne Spender oder Steuerzahler. Es liegt an den Hilfsorganisationen und ausführenden Unternehmen, diese verantwortungsvoll einzusetzen.

Und jetzt haben die Geber- und »Partnerländer« auf höchster Ebene in Paris beschlossen, das System umzudrehen. »Wer zahlt, bestimmt« war gestern. In Zukunft sollen die Politiker und Beamten der Empfängerländer über ihre eigenen Zuschüsse und Dienstautos befinden. Sie sollen entscheiden, welcher Anteil der Hilfsgelder in ihrer Behörde oder überhaupt auf ihren Gehaltszetteln verbleibt. Ganz direkt und offiziell. Im Namen des »Ownership«. Das ist das Codewort für »lokale Verantwortung«, die endlich von den Entwicklungsländern übernommen werden soll.

Wie soll da jemals Geld bei den wirklich Armen des Landes ankommen? Wer wird von jetzt an deren Interessen vertreten? Wie kann das künstliche Aufblähen der zentralen Bürokratien verhindert werden?

Diese Gedanken schwirren mir durch den Kopf. »Das kann nicht funktionieren«, denke ich. Und verlasse in Maputo verwirrt das Flugzeug.

Die Erklärung von Paris

Der amerikanische Präsident Harry S. Truman formulierte in seiner Antrittsrede im Jahr 1949:» ...For the first time in history, humanity possesses the knowledge and skill to relieve the suffering of these people.« (Zum ersten Mal in der Geschichte besitzt die Menschheit das Wissen und die Fähigkeit, die Armen aus ihrem Elend zu befreien.) Diese Rede wird allgemein als der offizielle Beginn moderner westlicher Entwicklungshilfe gesehen. Damals war noch nicht klar, ob wirtschaftliche Entwicklung auch wirklich weltweit möglich sein kann.

In den 1950er- und 1960er-Jahren waren es einzelne Hilfsprojekte. Der Bau von Straßen, Elektrizitätsversorgungen oder sonstiger Infrastrukturen oder der Aufbau bestimmter Produktions- und Industriebetriebe. Die Vorgaben waren klar und einfach. Die *Industriestaaten* verfolgten zwar auch klare und explizite politischen Interessen, vor allem ging es um die Unterstützung zukünftig unabhängiger Staaten, um eine westliche politische Ausrichtung sicherzustellen, aber die Hilfe verstand sich im Wesentlichen als *technisch* und unpolitisch.

Anfang der 1960er-Jahre errichteten dann viele der Industriestaaten eigene staatliche Institutionen zur Administration der Entwicklungshilfe. Neue multilaterale Organisationen, wie der Europäische Fonds für die Überseeländer (1957), die *International Development Association* der Weltbank (1959), oder die *Development Assistance Group* der späteren OECD (1960) entstanden. Die UN erklärt die 1960er zur »Entwicklungsdekade«. *Entwicklung* wurde ein integraler Bestandteil der Vereinten Nationen.

Der Erfolg westlicher Hilfe, schreiben Kjell Roland und Oyvind Eggen in ihrem Buch *Western Aid at a Crossroads*, lag in dieser Zeit im Transfer der Erfahrungen aus den Industrieländern in den lokalen Kontext der Zielländer. Das ist doch klar, meinen wir. Der Helfer hilft dem Hilfsempfänger mit seinem Know-how und seinen Erfahrungen. Aber die weitere Geschichte der westlichen Entwicklungshilfe zeigt, dass das nicht so sein muss.

Roland, heute Leiter des Norwegischen Entwicklungsfonds NORFUND, und Eggen, Leiter der norwegischen Evaluierungsabteilung, führen den Nachweis, dass die Geschichte der westlichen Entwicklungshilfe durch eine stete Ausweitung der Arbeitsbereiche gekennzeichnet ist. Noch bevor der Erfolg oder Misserfolg von Maßnahmen sichtbar wurde, wandte man sich freiwillig dem nächstgrößeren Problemkreis zu. Die Ambition der Helfer kannte keine Grenzen.

Da die Breitenwirkung der Einzel-Hilfsprojekte in den 1960ern für Armutsbekämpfung nicht unmittelbar sichtbar war, wurden diese infrage gestellt. In den 1970er- und 1980er-Jahren wurde die Gestaltung des Projektumfelds zum Thema der Entwicklungshilfe, alles drehte sich um *integrierte ländliche Entwicklung*. Noch bevor hier Erfolge oder Misserfolge sichtbar werden konnten, wandte man sich dann dem *Makroumfeld* zu. Nur mit makroökonomischen Reformen könne man direkte Armutsbekämpfung im großen Stil betreiben. Die Strukturanpassungsprogramme von Weltbank und Internationalem Währungsfonds in den 1980er- und 1990er-Jahren sind uns in Erinnerung.

Aber auch das führt nicht direkt zur Armutsbekämpfung, im Gegenteil, hohe soziale Kosten und internationale Protestbewegungen waren die Folge. Die Schlussfolgerung der Helfer: Die Staaten mögen ihre Finanzen und Staatshaushalte in Ordnung gebracht haben, wenn aber die lokalen staatlichen Institutionen nicht funktionierten kann die Armut nicht vermindert werden. Groß angelegte Staats- und Gesellschaftsreformen müssten her, nur sie könnten mehr

Wirtschaftswachstum und damit eine Reduzierung der Armut bringen.

Kapazitäts- und Institutionenaufbau waren dann die Schlagworte der 1990er- und 2000er-Jahre. Spätestens hier betrat man dann völliges Neuland, da konnte man nicht mehr auf die Erfahrungen und das Know-how zu Hause in den Geberländern zurückgreifen. Denn zu Hause waren die Institutionen langsam gewachsen, ihre Entwicklung war untrennbar mit der gesellschaftlichen Entwicklung verbunden. Diese jetzt in den Entwicklungsländern ad hoc geplanten Neuordnungen von Staatswesen und Zivilgesellschaft hatte es in Europa nicht gegeben. Die Entwicklungshelfer fanden sich plötzlich inmitten eines groß angelegten »Social Engeneering«.

Da wurden die Dinge wirklich komplex. Die Anzahl der Beratungen und Schulungen vervielfachte sich. Mit externer Hilfe wurden Institutionen umgebaut oder neue am Reißbrett entworfen, die Anforderungen an das Personal festgelegt, neue Mitarbeiter rekrutiert und ausgebildet. Wer weiß, wie mühsam es bei uns in Europa ist, eine wirklich gute und passende Managementausbildung zu finden und das Gelernte dann im Berufsalltag auch umzusetzen, wundert sich über die Unbedarftheit, mit der groß angelegte Programme angegangen wurden. In den seltensten Fällen entstanden Organisationen, die in der Lage waren, in ihrem Bereich ergebnisorientiert zu handeln. Die Mitarbeiter waren in der Regel mehr auf Schulungen und Konferenzen als auf ihrem Arbeitsplatz.

Mehr Wirksamkeit – »Aid Effectiveness« – war nun der Ruf, dem sich die große Mehrheit der Beteiligten anschloss. Die *Erklärung von Paris* wurde von den Vertretern von über einhundert Geber- und Empfängerländern und multilateralen und regionalen Entwicklungsinstitutionen unterzeichnet. Das System der staatlichen Entwicklungszusammenarbeit konnte nicht mehr, wie bei jedem Paradigmenwechsel davor, die »Flucht nach vorne« in ein noch umfangreicheres Vorhaben antreten. Um die Armut zu mindern, arbeitete man ja schon am Totalumbau der Gesellschaften der Empfängerländer. Mehr ging nicht.

»Ownership«, »Alignment« und »Harmonisierung« waren die Schlagworte: Die lokalen Regierungen und staatlichen Stellen sollten endlich auf den – ein anderes Schlagwort – »Fahrersitz« rutschen und den gesamten Prozess steuern (Ownership), die westlichen Geberländer sollten ihre Hilfen an die lokalen staatlichen Pläne und Vorgehensweisen aus-richten (Alignment) und sich gegenseitig abstimmen (Har-monisierung).

Bisher war die westliche Hilfe auf der Leiter der Ambitio-nen immer eine Stufe höher geklettert. Vom Einzelprojekt, das eine bestimmte Produktionsstätte aufbaut, über die Ge-staltung des lokalen Projektumfelds, die makroökonomischen Reformen, den Kapazitätsaufbau und Institutionenumbau bis zum Gesellschaftswandel. Anders als Roland und Eggen meine ich, dass nun nicht einfach eine weitere Stufe der Ambitionen erklommen wurde, sondern die westliche Ent-wicklungshilfe die Verantwortung für das Ganze einfach an die lokalen Partner abgegeben hat.

Inhaltlich gesehen war das ein logischer Schritt, denn es ging um die Selbstbestimmung und Unabhängigkeit der Part-nerländer. Aber praktisch konnte es nicht funktionieren. Ein effektiver und effizienter Mitteleinsatz erfordert Personen, die für ihre Handlungen und die ihrer Organisationen verant-wortlich sind, also einem Vorgesetzten oder einer Institution dazu Rede und Antwort stehen. Hilfsorganisationen oder Unternehmen müssen sich ihrem Geld- oder Auftraggeber gegenüber verantworten, zumeist einer staatlichen Entwick-lungsorganisation. Aber lokale Beamte, Abteilungsleiter, Generaldirektoren, Gouverneure, Staatssekretäre oder Minister? Diese müssen in einem ganz anderen Kontext ganz anderen Personen *antworten*. Ihren Vorgesetzten, ihren politischen Entscheidungsträgern, ihren Parteien, ihren Parlamenten, ihren Wählern. Die Geldgeber, also die Steuerzahler oder die Regierungen der Geberländer, gehören nicht dazu.

Mit der *Erklärung von Paris* wurden die Kompetenzen über die Entwicklungshilfegelder an lokale Regierungen im Empfängerland übergeben, nicht jedoch die Verantwortung für eine sinnvolle und wirkungsvolle Verwendung der Mittel.

Außerdem verzichtete man vollkommen auf den logisch zweiten Teil einer solchen Vereinbarung. Denn wenn es um die Selbstständigkeit und Unabhängigkeit der Partnerländer und um Nachhaltigkeit geht, kann einseitige Hilfe nicht *ad infinitum* gegeben werden. Ein Ausstiegsszenario hätte festgeschrieben werden müssen, was jedoch nicht geschah.

Dabei herrschten zur Zeit der Unterzeichnung der *Erklärung von Paris* im Jahr 2005 günstige Rahmenbedingungen. Dank der Globalisierung waren gerade viele der Empfängerländer wirtschaftlich erfolgreich. Die westlichen Entwicklungskooperationen hätten sich mit Anstand und guter Nachrede langsam zurückziehen können. Um sich zum Beispiel auf die Katastrophenhilfe zu konzentrieren, in der es um die unmittelbare Linderung von Leid und Elend geht.

Doch von einem Ende der Entwicklungszusammenarbeit war nie die Rede und noch heute ist das Ausstiegsszenario kein Bestandteil der Diskussion. Obwohl derzeit in der Szene heftig debattiert wird, wie es nach dem Auslaufen der *Millenniumsziele* nach dem Jahre 2015 weitergehen soll.

Die Realität ist vielmehr, dass die Institutionen und Instrumente der Entwicklungskooperationen ganz automatisch immer weiter ausgebaut und erweitert werden.

So wurde die *Erklärung von Paris* zu einem Meilenstein für

einen Weg der Entwicklungshilfe in eine Sackgasse. Sie blähte die Bürokratien in den Hauptstädten der Partnerländer und ebenso in den Geberländern auf und machte die Strukturen unwirksam. Je weniger die Effektivität der Hilfe gegeben war, desto mehr wurde sie in Manifesten, Verträgen, Workshops, großen Konferenzen und Gipfeltreffen proklamiert. Und je mehr von der Effektivität gesprochen wurde, desto weniger wurde sie erreicht. Ein Teufelskreis.

Warum war das so? Warum blieb man so stur dabei, die Entwicklungshilfe als wichtigsten Teil der Beziehungen der europäischen Länder zum afrikanischen Kontinent zu sehen? Warum war ein Ausstieg eigentlich nie ein Thema?

Die Hilfsindustrie

In den letzten Jahren setzte die westliche Entwicklungszusammenarbeit etwa 120 Milliarden Euro im Jahr um. Jährlich absolvieren im Namen der Hilfe Tausende private und staatliche Hilfsorganisationen und Unternehmen Zehntausende Projektreisen in die armen Länder der Welt. Es ist nicht neu und nicht übertrieben, diesen Sektor als »Hilfsindustrie« zu bezeichnen.

Anders als alle anderen Wirtschaftsbranchen ist die Hilfsindustrie ein *geschlossenes* System mit nur wenigen Schnittstellen nach außen. Geschlossene Systeme sterben im Allgemeinen mit der Zeit ab. Aber es sind drei Bausteine, die dies verhindern: Erstens, das in der europäischen Öffentlichkeit bestehende *Bild der armen Länder*, insbesondere von afrikanischen. Zweitens, eine immer stärker werdende *Entkoppelung* der Entwicklungshilfe von den Realitäten in den Empfängerländern. Und drittens, die entscheidende Basis für alles: ein eigenes isoliertes und geschlossenes *Wissenssystem*.

Den ersten Punkt, das europäische Afrikabild, habe ich in Kapitel 2 ausführlich beschrieben. Hartnäckig hält die europäische Öffentlichkeit am Bild der afrikanischen Katastrophe fest, trotz Rückgang der Armut, wirtschaftlichen Erfolgen und neuer Mittelschicht. Diese Immunität der öffentlichen Wahrnehmung der tatsächlichen Situation »in Afrika« gegenüber garantiert einen steten Zufluss von Steuer- und Spendengeldern, der nicht oder nur in einem sehr geringen Ausmaß mit der tatsächlichen Nachfrage nach Hilfe oder den Erfolgen der Hilfsprogramme korreliert.

Der zweite Punkt, die Entkoppelung der westlichen Entwicklungshilfe von den Realitäten in den Partnerländern, ist ein Phänomen der letzten Jahre und ist paradoxerweise nicht zuletzt eine Konsequenz der *Erklärung von Paris* und des Auftretens Chinas und der anderen neuen Akteure in Afrika. Früher hatten afrikanische Länder keine Wahl, waren auf die westlichen Gelder angewiesen und stellten sich den vorgegebenen Bedingungen. Es fand eine Kommunikation zwischen Empfängern und Gebern statt, wenn auch nicht auf Augenhöhe, aber sie fand statt.

Heute finanziert China in ganz großem Stil Überlandstraßen, Stadtautobahnen, Flughäfen, Eisenbahnlinien und vieles, vieles mehr. Da braucht man die Hilfsgelder des Westens nicht mehr so dringend, nimmt sie aber natürlich trotzdem, denn sie sind ja gratis. Zusätzlich gibt es auf der Geberseite immer wieder den in Bürokratien vorhandenen »Mittelabflusszwang«. Budgets müssen verausgabt werden. Damit kommt es zu »halbherzigen« Vereinbarungen – ohne echte Verständigung, funktionierende Kommunikation und ohne Einvernehmen. Jede Seite bleibt bei ihrem eigenen, oft sehr unterschiedlichen Bild der lokalen Realität.

Halbherzig wird zum Beispiel ein Förderprogramm für Klein- und Mittelbetriebe zwischen einer Geberorganisation und der lokalen Regierung vereinbart. Das Kleingedruckte wird von den Behörden des Empfängerlandes kaum gelesen. Der Hilfsgeber beschreibt und denkt zum Beispiel an eine Realität einer landesweiten einheitlichen Förderpolitik, mit Erleichterungen bei der Registrierung von Unternehmen, Zollerleichterungen für wichtige Importwaren, landesweiten Ausbildungsstandards, mit einer Gleichstellung der Geschlechter, mit objektiven Zugangskriterien für das spezifische Ausbildungsprogramm. Er meint auch, dass die Regierung des Empfängerlandes eigene Gelder in die Hand nehmen wird, um dies zu ermöglichen.

Aber die Entscheidungsträger auf der Empfängerseite sehen all das nicht oder haben andere Prioritäten. Den kommenden Wahlkampf und wie dabei die gewährte Hilfe kommuniziert werden soll. Oder die Besetzung von Projektposten mit bestimmten Leuten.

Das Hilfsprogramm wird trotzdem gestartet und finanziert.

Ganz zum Schluss, am Ende der Projektlaufzeit, ist es dann die Kunst der Entwicklungsexperten als Berichterstatter und als »Evaluatoren«, die tatsächlichen Geschehnisse wieder in die Formalitäten der Projektdokumentation zu »transformieren«, sodass zu Hause im Geberland das Projekt als erfolgreich abgeschlossen dargestellt werden kann. Dabei wird die Differenz zwischen der Darstellung der Hilfsprojekte in den Berichten der Geberländer und der Darstellung innerhalb der lokalen Institutionen immer größer. Ganz automatisch immunisiert sich damit die Entwicklungshilfe auch gegen lokale Kritik, denn diese fällt bei unseren eigenen Darstellungen und Berichten einfach nicht ins Gewicht. Die Entkoppelung der westlichen Entwicklungshilfe von den Realitäten in afrikanischen Ländern beschleunigt sich damit ganz von selbst.

Der dritte Baustein zum Überleben der Entwicklungshilfe ist ein *isoliertes und geschlossenes Wissenssystem.* Lassen Sie mich dazu vorweg eine Geschichte erzählen.

Experte oder Unternehmer

»Den Prototyp haben wir in zwei Wochen fertig, ich melde mich dann«, sagt mir beim Verlassen seines Büros der erfolgreiche Jungunternehmer in Beira, Mosambik. Er betreibt eine Möbelproduktion mit zumindest fünfzig Beschäftigten und fertigt Möbel und Einrichtungen vor allem für die in den letzten Jahren zu Geld gekommenen Bürger der Stadt. Ich habe ihm soeben den Plan eines in Österreich designten Ausziehtisches präsentiert. Die Mitarbeiter des Jungunternehmers waren hellauf begeistert. »Genau so etwas braucht man hier am Markt und genau das können wir produzieren!«

Wir schreiben das Jahr 2001 und sind beauftragt, die lokalen holzverarbeitenden Unternehmen in Mosambik zu unterstützen. Dazu haben wir in einer Bezirkshauptstadt eine sogenannte »Servicewerkstätte« eingerichtet. Ortsansässige Tischler können dort notwendige Materialen und Beschläge kaufen, sich an einfachen Holzverarbeitungsmaschinen ausbilden lassen, diese dann verwenden oder auch nur gegen Bezahlung ihr Holz aufschneiden und hobeln lassen. Zudem suchen und akquirieren wir größere Aufträge, um diese dann in Arbeitsgemeinschaften mit den lokalen Tischlern zu fertigen.

Wir, das ist nicht mein Unternehmen mit seinen Mitarbeiter, es ist das aus der Entwicklungshilfe finanzierte *Projekt.* Ein großer Unterschied. Wir, also meine Mitarbeiter und ich, arbeiten nicht auf eigene Rechnung und eigenes Risiko, wir arbeiten auf Honorarbasis und führen einen vorweg genau festgelegten Projektplan aus. Dieser Plan sieht vor, die vom Projekt aufgebaute Servicewerkstätte nach drei Jahren an lokale Unternehmen zu übergeben. Der erfolgreiche Jungunternehmer wäre die ideale Person dafür.

Die Tage und Wochen vergehen und wir hören vom erfolgreichen Jungunternehmer nichts. Monatelang bleibt er verschollen und weicht offensichtlich jedem Kontakt aus. Später erzählen uns Bekannte, dass sie einen superschönen Ausziehtisch gekauft haben. Bei einem sehr guten lokalen Tischler. Unser Projekt brauchte er offenbar dafür nicht.

Gerne würden meine internationalen und lokalen Mitarbeiter selbst auch weitere Produkte auf den Markt in Mosambik bringen. Eine Serie von Gartenmöbeln aus nachhaltig aufgeforstetem Tropenholz. Ein Sofa, so ähnlich wie im IKEA Katalog, das wäre jedenfalls ein Hit hier am Markt. Oder eine Serie von Küchenmöbeln, die gibt es im Land überhaupt noch nicht. – Aber das ist im Rahmen des Projekts nicht vorgesehen, dafür gibt es keine Budgets. Und außerdem arbeiten wir auf fixer Honorarbasis. Eigenes unternehmerisches Agieren ist mit dem Status eines Entwicklungsexperten nicht vereinbar.

■

In meinem Berufsleben versuchte ich über viele Jahre die Bereiche Privatwirtschaft und Hilfsindustrie zu verbinden. Zehn Jahre lang habe ich als Unternehmer in Österreich eine Möbelproduktion geführt, wir waren am Objektmarkt tätig, fertigten Einrichtungen für Hotels, Studentenheime, Krankenhäuser oder Konzerthäuser. Aber meine Existenz als Unternehmer und meine Existenz als Entwicklungsexperte blieben immer Tätigkeiten in getrennten Welten. Die Brücke zu schlagen war mir nicht möglich. Heute weiß ich, dass die unterschiedlichen Systemlogiken der Privatwirtschaft und der Entwicklungshilfe nicht kompatibel sind.

Ein Unternehmer, der Möbel produziert, muss in die Zukunft investieren, um als solcher überleben zu können. Er muss in die Kommunikation mit Kunden investieren, um deren Probleme zu erfassen, und in Produktionstechnologien, um das Produkt kostengünstig produzieren zu können. Das alles passiert im freien Fall, in einem Versuch-und-Irrtum-Prozess. Im Nachhinein erscheinen die Dinge immer in einer logischen Reihenfolge, aber im Vorhinein müssen Energie und Geldmittel investiert werden, ohne zu wissen, ob jemals wieder etwas zurückkommt. Es ist die Freiheit des Unternehmers, genau das oder doch etwas ganz anderes zu tun. Um diese Freiheit zu leben, braucht er Autonomie. Autonomie im Denken, im Handeln und Autonomie in seinem finanziellen Einkommen.

Vollkommen anders die Situation innerhalb der Hilfsindustrie. Der Begriff »Investieren« kommt bei Entscheidungen zum eigenen Tun nicht vor. Es geht ausschließlich um die Erstellung von Studien, um Beratungen von Institutionen und die Abwicklungen von Projekten auf Basis vorweg vereinbarter Pläne und Honorare. Unternehmerische Verantwortung in dem Sinne, dass Erfolge das eigene wirtschaftliche Überleben ermöglichen, gibt es nicht. Der Entwicklungsexperte agiert fast immer auf der Metaebene, ist sozusagen der Schiedsrichter der Entwicklung.

Autonomie ist für den Einzelnen nicht vorgesehen. Er hängt immer an der Kandare des Übergeordneten, des »großen Ganzen«, eines *Grand Plan*. Und vor allem am Geldgeber, einer alles finanzierenden Bürokratie.

Der virtuelle Sektor

Roland und Eggen beschreiben in ihrem Buch sehr anschaulich, wie sich im Laufe der Zeit diese unterschiedlichen Systemlogiken herausgebildet haben. Nachdem die Entwicklungshilfe alle Jahrzehnte etwas Neues begonnen hatte, konnte man bald nicht mehr auf bestehende Erfahrungen zu Hause in Europa oder den USA zurückgreifen. Neues Knowhow und Wissen musste her.

Geberinstitutionen, Entwicklungsbanken, UN-Organisationen und private Hilfsorganisationen beauftragten unzählige Projektmissionen und Studien, Universitäten richteten eigene Institute und Studienlehrgänge ein. Ein groß angelegter Innovationsprozess setzte ein. Ein neues Berufsbild wurde geschaffen, das des bereits erwähnten Entwicklungsexperten.

»Ohne Geld gibt es keine Musik«, diese alte Weisheit muss von allen Beteiligten beachtet werden. Das Geld kommt von den westlichen Regierungen. Alle Berichts- und Abrechnungskreisläufe der Entwicklungsexperten sind auf diese ausgerichtet. Die Gelder werden vor Ort entsprechend der Logik der weit entfernten Geldgeber ausgegeben und abgerechnet. Das Feedback von den Menschen dort wird mit zunehmender Bürokratisierung immer weniger gehört. Es geht nicht mehr um das Verstehen der lokalen Situationen, sondern vielmehr darum, diese in die Sprache der Geberländer zu transformieren.

Damit hat die Logik der Hilfe ein Eigenleben angenommen. Zum einen kann die Entwicklungshilfe nach dem ständigen Ausweiten ihres Betätigungsfeldes nicht mehr auf bestehende Erfahrungen bauen. Die Sprache der Geberländer zielt damit auf westliche gesellschaftliche Ideale ab, und nicht auf tatsächliche westliche Realitäten.

Zum anderen geht man davon aus, dass lokale Probleme

grundsätzlich mit westlicher Hilfe zu lösen sind. Funktionierende Hilfe folgt einer guten Strategie. Scheitert eine Hilfsmaßnahme trotzdem, war die Strategie oder die Implementierung schlecht. Ganz automatisch werden dann weitere Studien und mehr Hilfe beauftragt. Die Hilfe an sich wird nie infrage gestellt. Und wenn die endgültige Evaluierung einer Hilfsmaßnahme dann den Gebern obliegt und in deren Sprache und mit deren Begriffen erfolgt, hat sich der Kreis geschlossen.

Die überschwängliche Nachfrage nach sogenannten »Bestpractice«-Modellen ist die logische Folge des auf sich selbst bezogene Charakters des Wissenssystems. Über viele Jahre fehlte sie in keiner Ausschreibung als eine der Bedingungen. Implizit wird damit angenommen, dass es für jedes Problem eine bereits vorhandene allgemein gültige Lösung gibt.

Das ist die Logik der Küchenwerkstatt der Hilfsindustrie. Sie steht im Totalwiderspruch zu jeder unternehmerischen Praxis, bei der am Ende des Tages immer jemand die Verantwortung für die Ergebnisse des Tuns trägt.

Quereinsteiger aus anderen Berufen gibt es in der Entwicklungshilfe immer weniger. Die spezifischen Erfahrungen im Hilfssystem, der hohe Spezialisierungsgrad und die eigene Fachsprache sind viel zu große Hürden. Der Nachwuchs an Experten wird aus Personen gespeist, die »Entwicklung« in einem der spezialisierten Studienlehrgänge studiert haben und meistens auch keinerlei Berufserfahrung außerhalb der Entwicklungshilfe besitzen. Das Wissenssystem isoliert sich so von seiner Umwelt immer weiter. Das »produzierte« Wissen wird immer mehr zur sich selbst erfüllenden Prophezeiung.

Umgekehrt wurden Entwicklungsexperten damit auch für Arbeiten außerhalb des Hilfsbereichs immer weniger anschlussfähig. Weder in der Privatwirtschaft in den Heimatländern noch in den Empfängerländern. Ihr spezialisiertes

Wissen und ihre Erfahrungen kommen aus der Hilfsindustrie und sind nur mehr in dieser anwendbar.

Die westliche Entwicklungshilfe wurde damit zu einem *virtuellen Sektor.*

Die Systemwissenschaften sprechen von *dissipativen Strukturen,* wenn (vermeintlich) geschlossene Systeme einen geordneten Zustand über einen längeren Zeitraum aufrechterhalten können und nicht in Chaos umschlagen. So wie die permanente Zufuhr von Sonnenenergie das Überleben auf dem ansonsten geschlossenen System Erde ermöglich, so ermöglicht die laufende Zufuhr von Hilfsgeldern das Überleben des ansonsten geschlossenen Systems Entwicklungshilfe.

Diese Abgeschlossenheit hat auch etwas aufrechterhalten, was heute als Rarität anzusehen ist:

Die Planwirtschaft

Fast unbemerkt von der Öffentlichkeit ist fünfundzwanzig Jahre nach dem Zusammenbruch der Sowjetunion und der realsozialistischen Staaten Europas die Entwicklungshilfe eine der letzten Bastionen der Planwirtschaft.

Kennen Sie den »Logical Framework Approach«? Nein? Dann haben Sie noch nie etwas mit Entwicklungshilfe im Detail zu tun gehabt. Der *Logical Framework Approach* (LFA) ist ein Denkmodell von bestechender Einfachheit und logischer Klarheit. Er wird seit vielen Jahren bei der Planung, Implementierung und Evaluierung von Entwicklungsprojekten und -programmen angewandt.

Für ein Hilfsvorhaben werden zunächst die Ziele formuliert, das eigentliche Projektziel, das übergeordnete politische Ziel und die untergeordneten Teilziele. Zum Beispiel hatte ein konkretes Weltbankprojekt das Ziel, dass die Privatunternehmen einer Region ein bestimmtes Qualitätsmanagement anwenden und damit ihre Forschungs- und Entwicklungsquote steigern. Untergeordnete Teilziele waren eine erhöhte Fähigkeit der Unternehmen, die Qualität zu kontrollieren, und adäquate Anreize für Forschungs- und Entwicklungsmaßnahmen.

Jedem dieser Ziele werden dann Indikatoren zugeordnet, um die Zielerreichung messen zu können. Die Indikatoren für die Teilziele messen den unmittelbaren *Output* des Projekts. »Zumindest 50 zusätzliche Unternehmen sind ISO zertifiziert« oder »zumindest 5 zusätzliche Unternehmen tragen zur Forschungsquote der Region etwas bei«. Als *Outcome* wird der Beitrag zum Projektziel gesehen, »zumindest 5 kommerziell erfolgreiche Prototypen sind entwickelt«. *Impact* ist schließlich der eigentliche Beitrag des Projekts zum übergeordneten politischen Ziel, »die lokale Wertschöpfung hat sich um 15 Prozent erhöht«.

Der *Logical Framework Approach* ist das wichtigste Denkmodell der Entwicklungsexperten und hat deren Herangehensweise an die Realität entscheidend geprägt. *Inputs* führen zu *Outputs* führen zu *Outcomes* führen zu *Impacts*. Das ist *Entwicklung*.

Das ist das Know-how des Entwicklungsexperten. Er kann die komplexe Realität in eine eigentlich bestechend einfache und logische Folge von Zielen, Maßnahmen und Indikatoren pressen. Meiner Meinung nach kann auch die Privatwirtschaft von diesem Denkmodell einiges lernen.

Das Problem liegt aber in der Anwendung dieses Verfahrens in der Praxis. Der *Logical Framework Approach* dient in der Entwicklungshilfe nicht nur als ein Denkmodell, das hilft, die Realität und die Auswirkungen des eignen Tuns besser zu verstehen. Er wurde zur »Bibel« der Entwicklungsbürokratie. Diese hat die Anwendung des *Logical Framework Approach* zur verpflichtenden Maxime für den gesamten »Projektzyklus« erklärt, von der Planung bis zur Abrechnung und zur Evaluierung.

Die Konsequenz: Einmal bewilligte Hilfsprojekte werden so wie geplant bedingungslos zu Ende geführt. Der Blick auf die zu erfüllende Berichterstattung und Abrechnung ist von Anfang an wichtiger als die tatsächlichen inhaltlichen Resultate. Die formale Konsequenz hoheitlicher Geberinstitutionen zwingt die ausführenden Hilfsorganisationen dazu, alles andere würde ihr finanzielles Überleben infrage stellen.

Oft muss sich daher die Realität an den Planungsansatz anpassen und nicht die Planung an eine sich laufend verändernde Realität. Implizit geht man davon aus, dass das Ergebnis einer bestimmten Tätigkeit vorhersehbar ist und, noch weitergehender, dass die zukünftige Realität das Ergebnis vorher aufgestellter Pläne ist.

Der amerikanische Professor William Easterly, der wahrscheinlich prononcierteste Kritiker der Planungsmanie der Entwicklungshilfe, hat schon vor vielen Jahren die Unterscheidung zwischen »Planern« und »Suchern« getroffen. Die Planer dominieren die westliche Hilfsindustrie. Sie agieren nach der oben beschrieben Logik des Helfens, nach der es für jedes Problem eine Hilfslösung gibt, und sie sind fasziniert von einem *Grand Plan* der Entwicklung. Genau dieser Glaube hat die Entwicklungshilfe in die oben beschriebenen immer größeren Ambitionen getrieben. Über Jahrzehnte hinweg. Als ob es nur genügend Ressourcen und Geld bedürfe und dann ein »Big Push« ganz automatisch die Welt verändern würde.

Seit in den meisten afrikanischen Ländern aber die Wirtschaft boomt, haben in der Realität die »Sucher« das Ruder übernommen. Abseits aller Hilfsprojekte. Sie sind es, die dezentral in vielen kleinen Schritten testen, probieren, lernen, Misserfolge überwinden, weiterkommen und insgesamt die wirtschaftlichen und gesellschaftlichen Dynamiken erzeugen, die ihre Länder jetzt auszeichnen. Gemeinsam haben Millionen von Menschen neue Freiheiten und bessere Infrastrukturen genutzt, um für sich und ihre Gesellschaften ein besseres Leben zu erarbeiten. Menschen in kleinen, großen und ganz großen Organisationen. Ganz ohne *Grand Plan*. Nicht wegen, sondern mittlerweile eher trotz westlicher Entwicklungshilfe.

Entwicklung ist eine *emergente Eigenschaft*. In den Systemwissenschaften meint man mit diesem Begriff, dass Entwicklung eine Systemeigenschaft ist, die auf das Zusammenwirken unzähliger Einzelereignisse zurückzuführen ist. Es ist nicht möglich, das Ergebnis eines Entwicklungsprozesses eindeutig auf einzelne Maßnahmen zurückzuführen, und umgekehrt ist es unmöglich, mit bestimmten Einzelinterventionen ein vorweg bestimmtes Resultat herbeizuführen. Diese Erkenntnis wird in der Entwicklungshilfe aber ignoriert.

So ist die Evaluierung von Entwicklungsvorhaben ein eigener Berufszweig für Entwicklungsexperten geworden. Eigene Standards wurden geschaffen, eigene Ausbildungen und Studienlehrgänge werden angeboten. Im Endeffekt aber betreiben fast alle Evaluierungsexperten ein geheimnisvolles Spiel, in dem sie meist unbewusst so tun, als ob die komplexe Realität in den Ländern Afrikas auf einfache lineare Ursache-Wirkung-Zusammenhänge reduziert werden kann. Damit machen sie uns glauben, dass dieses oder jenes Projekt funktioniert, ein anderes nicht und insgesamt die Entwicklungshilfe die afrikanischen Länder aus der Armut holen wird.

Aber trotz aller Probleme mit der Entwicklungshilfe, trotz der *Erklärung von Paris*, der Eigeninteressen der Hilfsindustrie, des planwirtschaftlichen Ansatzes, haben wir als reiche Länder nicht einfach die Pflicht, den armen Ländern auf der Welt beizustehen? Vor allem Europa mit seiner kolonialen Vergangenheit muss Afrika doch helfen?

Das Paradoxon des Helfens

Ja, als reiche Länder müssen wir helfen. Wir können uns das leisten und haben meistens die besten Methoden und Technologien dazu. Und wir wollen helfen. *Altruismus* ist Teil unserer Kultur, die auf Nächstenliebe aufbaut. Wir glauben an das humanistische Menschenbild. Und Europa will und soll global ein Vorbild sein.

Doch wir müssen unterscheiden. Es gibt die Katastrophenhilfe – vielfach auch humanitäre Hilfe genannt – und es gibt die Entwicklungshilfe. Bei Ersterer geht es um die unmittelbare Hilfe für Opfer von Naturkatastrophen und politisch verursachten Krisen und Kriegen, bei Zweiterer um die langfristige Entwicklung und Verminderung von Armut.

Alle meine bisherigen Ausführungen gelten für die zehnmal so umfangreiche Entwicklungshilfe. Und die Probleme damit haben immer wieder mit einem altbekannten Paradoxon zu tun: Die Selbstständigkeit und Unabhängigkeit der Hilfsempfänger zerstört die Existenzgrundlage der Helfer.

Ein Helfer, der darüber nicht reflektiert, läuft Gefahr, seine eigenen Interessen zu sehr in den Mittelpunkt zu stellen.

Bei der Katastrophenhilfe passiert das nicht ganz so leicht. Denn Bedarf und Nachfrage sind in der Regel nicht planbar. Und wenn eine Katastrophe eingetreten ist, ist der Bedarf normalerweise deutlich erkennbar. Ressourcen müssen dann kurzfristig mobilisiert werden und Finanzmittel sind in der Regel knapp. Diese Knappheit erzeugt zusammen mit dem mittlerweile vorhandenen Wettbewerb zwischen den Hilfsorganisationen ganz automatisch einen Druck, diese effizient einzusetzen. Für Eigeninteressen der Helfer bleibt weniger Platz.

Anders ist es bei der klassischen Entwicklungshilfe. Da ist nicht von vornherein klar und für jeden ersichtlich, welcher konkrete Bedarf bedient werden kann und soll. Aufbau der Infrastruktur oder doch Förderung der Privatwirtschaft? Kapazitätsaufbau bei den Fischern oder bei der Zuliefererindustrie zur neuen Zementfabrik? Investitionen in die Hardware wie Gebäude und Maschinen oder doch in die Ausbildung? Direktsubventionen an die Zielgruppe oder Finanzierung der Ausbildungsinvestitionen?

Schon bei der Auswahl des Vorhabens gibt es einen großen Ermessensspielraum, und sie folgt deswegen ganz automatisch weniger dem Bedarf der Zielgruppe als dem Angebot auf der Geberseite. Und da der Bedarf nicht von vorneherein offensichtlich und klar ist, kann die vorhandene Finanzierung auch nicht mit diesem in ein Verhältnis gesetzt werden. Es ist nicht klar, wie knapp oder ausreichend die Mittel sind. Damit kann kein Druck zu mehr Kosteneffizienz entstehen.

Ganz automatisch steuert dabei das Angebot die Nachfrage.

Und damit fließen die Interessen der Helfer, also der Geber- und Abwicklungsorganisationen, in einem überproportional hohen Ausmaß in das Geschehen ein. Mit der Folge, dass die Selbstständigkeit und Unabhängigkeit der Hilfsempfänger nicht mehr im Mittelpunkt steht.

Wozu das in der westlichen Hilfsindustrie geführt hat, habe ich oben beschrieben: zu einem geschlossenen System, das sich von den Realitäten in den Zielländern abgekoppelt hat, mit Mitarbeitern die durch ihre Denkweisen und Methoden in der Privatwirtschaft nicht mehr anschlussfähig sind und zu einem auf sich selbst bezogenen Wissenssystem, das jeden Austausch nach außen unmöglich macht.

Das Dreiecksverhältnis

»Wir schätzen, dass bereits 60 Prozent der Flüchtlinge ein eigenes Einkommen haben ... das kommt von ihrer *unglaublichen* Energie ... mit mittlerweile über 2000 Kleinunternehmen«, sagt Kilian Kleinschmidt. Er ist der Projektleiter des Flüchtlingshilfswerks UNHCR im jordanischen Flüchtlingslager Zaatari.

Als er neun Monate davor, im März 2013, die Leitung des Lagers übernommen hatte, herrschte unter den Flüchtlingen Chaos. Traumatisierte, dem Bürgerkrieg gerade entkommene Menschen, viele von ihnen hatten Brüder, Schwestern, Vater oder Mutter verloren, mussten plötzlich auf engem Raum die Tage verbringen. Aggression, Gewalt, Drogen, Kampf um gute Plätze, das Recht des Stärkeren.

»Ich hasse Flüchtlingslager, denn sie nehmen den Menschen die Würde.« Seit fast zwanzig Jahren arbeitet Kilian Kleinschmidt in Flüchtlingslagern. Er will in Zaatari kein *Lager* sehen, sondern eine *Stadt*. Und bezeichnet sich als ihr *Bürgermeister*. Als solcher musste er erst einmal von den Flüchtlingen anerkannt werden. Nicht nur formell als offizieller Lagerleiter. Auch informell. Dazu muss er den Menschen auf Augenhöhe begegnen. Zum Beispiel des Nachts, wenn in der Finsternis Streit geschlichtet werden muss. Er ist einer der wenigen Helfer, die sich zu dieser Zeit ohne Polizeischutz ins Lager trauen.

Langsam gelingt es, die »Stadt« zu organisieren. Kleinschmidt sieht in den Flüchtlingen nicht Opfer, sondern Partner, deren »unglaubliche Energie« und Geschäftstüchtigkeit für die Organisation gewonnen werden muss. Es entstehen unzählige Geschäfte, Handwerksbetriebe und zwei formelle Supermärkte. Die UN-Organisationen verteilen keine Essensrationen mehr, sondern Gutscheine. Zunächst auf Papier, mittlerweile erfolgt die Verrechnung sogar über Kreditkarten. Damit gehen die Flüchtlinge in die Geschäfte einkaufen, in die sie gehen wollen, und kaufen das, was sie wollen.

Selbstorganisation und Nachhaltigkeit einer »Stadt« erfordern aber auch einen klaren Rahmen und verbindliche Regeln. Wohn- und Eigentumsrechte, legale Anschlüsse ans Stromnetz, für den Stromverbrauch muss bezahlt werden.

Zwei Drittel der Menschen im »Lager« erwirtschaften bereits zusätzliches Einkommen. Die Sicherheitssituation hat sich deutlich verbessert. Kleinschmidts Ansatz zur Selbstorganisation scheint aufzugehen.

■

Zaatari liegt in Jordanien, nicht in Afrika. Als neu gedachtes Flüchtlingslager und als Beispiel für die Katastrophenhilfe soll es hier aber einen Platz haben.

Als Kilian Kleinschmidt seinen Hilfsansatz im August 2014 bei einer Tagung in Österreich präsentierte, schlug ihm viel Skepsis entgegen. Vertreter karitativer Organisationen stießen sich besonders daran, dass Flüchtlinge für ihren Stromverbrauch bezahlen müssen. Überhaupt versuchte da jemand mit einem »marktwirtschaftlichen« Ansatz ein Flüchtlingslager zu organisieren. Humanitäre Hilfe und Marktwirtschaft passen nicht zusammen. Das ist ein unüberwindbarer Gegensatz!

Liegt in genau diesem Denken womöglich ein Schlüssel dafür, warum der Hilfssektor so lange im planwirtschaftlichen Denken verharren konnte und Europa den derzeitigen Boom in so vielen afrikanischen Ländern so schwer versteht?

Um mehr Klarheit in das Geschehen zu bringen: Hilfsmaßnahmen basieren immer auf einem *Dreiecksverhältnis*. Ein Helfer hilft einer Zielgruppe, ein Dritter bezahlt. Das

UNHCR hilft Flüchtlingen, Regierungen finanzieren das UNHCR. Eine operativ tätige Organisation, eine Zielgruppe, ein Geldgeber.

In diesem Dreiecksverhältnis liegt ein Großteil der Problematik. Wie kann der Geldgeber das Geschehen so steuern, dass mit seinem Geld auch das geschieht, was er sich vorstellt? Wie kann der Helfer optimal für die Zielgruppe arbeiten wenn er in erster Linie dem Geldgeber berichten muss und in der Regel von diesem abhängig ist, da er ja weitere Aufträge bekommen will? Wie kann die Zielgruppe auf Basis ihrer Bedürfnisse auf Dauer ihre »Nachfrage« generieren, wenn alles gratis ist und die Helfer auch andere Interessen verfolgen müssen?

Um wie viel einfacher ist da das klassische privatwirtschaftliche »Zweierverhältnis«. Ein Käufer zahlt, ein Verkäufer liefert. Liefert dieser schlecht, zahlt der Käufer nicht oder nicht den gesamten Preis. Oder er kauft jedenfalls beim nächsten Mal bei einem anderen. So einfach ist das. Alle Entscheidungen werden dezentral zwischen zwei Parteien getroffen oder es werden neue Zweierverhältnisse gebildet und Entscheidungen dort getroffen. Alles ohne aufwändige Studien und Berechnungen von *Output, Outcome, Impact* und sozialen Kosten und Nutzen. Ohne Berater und Entwicklungsexperten, ohne komplizierte Pläne und ohne *Logical Framework* mit all den Zielen und Indikatoren.

Dagegen steigert ein Dreiecksverhältnis die Möglichkeiten und den Kommunikationsbedarf exponentiell. A und B gegen C, A und C gegen B, B und C gegen A, alle gegeneinander oder alle miteinander. Allein für die Parteienbildung gibt es fünf statt zwei Möglichkeiten.

Und die moderne Entwicklungshilfe vermehrt diese Komplexität der eigenen Strukturen noch weiter. Mit den zunehmenden Ambitionen und der *Erklärung von Paris* wurde die

Anzahl der Beteiligten ständig erhöht. Wenn heute eine westliche Regierung ein Gewerbeförderungsprogramm finanziert, stehen dem Geldgeber und der Hilfsorganisation neben der Zielgruppe auch die Regierung des Empfängerlandes, eine oder mehrere lokale staatliche Behörden wie Provinzregierungen oder Gemeinden und sehr oft auch noch der lokale offizielle Unternehmerverband gegenüber. Und eventuell noch bestimmte Interessensgruppen aus dem NGO-Bereich, zum Schutz der Umwelt, der indigenen Bevölkerung oder ein Immigrantenverband zur Förderung der Investitionen der Diaspora in den Heimatländern. Damit wird aus dem Dreiecksverhältnis ein Fünf-, Sechs- oder sonstiges Vieleckverhältnis. Die Anforderungen an das Komplexitätsmanagement schießen in den Himmel.

Diese Überlegungen zeigen auch, wie sinnvoll, einfach und logisch es ist, wenn UNHCR in seinem Flüchtlingslager die Nahrungsmittelversorgung nicht mehr zentral selbst organisiert, keine eigene Großküche mehr führt, keine Nahrungsmittel mehr selbst einkauft, lagert, kühlt, keine Essensverteilung mehr durchführt, keine Sicherheitspolizei dafür anstellen muss, überhaupt vor Ort keine Großorganisation mit entsprechend viel Personal mehr ist. Sondern, wenn immer möglich, diese Aufgabe in Selbstorganisation dezentral andere lösen lässt. In vielen kleinen »Zweierverhältnissen«.

Und, ganz wesentlich, dabei den Flüchtlingen zusätzlich die Chance gibt, in ihrem eigenen Bereich selbst Entscheidungen zu treffen und Dinge so zu gestalten, wie sie es wollen, es ihren Werten entspricht oder es ihnen einfach gefällt. Autonom und respektiert. In Würde!

Wenn UNHCR auf Selbstorganisation von Flüchtlingslagern umstellt, wird es auch billiger. Die Kosten sinken auf ein Fünftel, schätzt Kilian Kleinschmidt.

Die Katastrophenhilfe ist eine Pflicht der reichen Länder.

Europa, Deutschland oder die Schweiz sind dabei auch ganz gut aufgestellt.

Doch *die* Entwicklungshilfe ist längst zu einem Klotz am Bein der europäischen Beziehungen zu Afrika geworden. Wir in Europa wollen das aber nicht wahrhaben. Wir sehen in Afrika nach wie vor und zuallererst das Elend, die Armut und all die Dinge, die noch nicht funktionieren, anstatt den Menschen empathisch und auf Augenhöhe zu begegnen und mit ihnen gemeinsame Sache zu machen. Unsere Wahrnehmung der Situation Afrikas lässt uns die Chancen nicht erkennen, die andere Länder in Afrika längst dazu nutzen, kreative Beziehungen zwischen Kontinenten, Ländern und Menschen aufzubauen.

Dabei hat sich die Entwicklungshilfe der Frage nach ihrer tatsächlichen Wirksamkeit mit der Flucht nach vorne in immer ambitiösere Vorhaben schon seit Jahrzehnten entzogen. Dass die *Erklärung von Paris* mit dem Anspruch nach mehr Wirksamkeit unterzeichnet wurde, aber Beziehungen und Strukturen zwischen Gebern und Empfängern geschaffen hat, die eine effiziente und effektive Steuerung der Hilfsmaßnahmen verhindern, ist auch eine Ironie der Geschichte.

Noch nie war der Hilfssektor größer als heute. Dieser Altruismus ist wichtig für das Selbstverständnis Europas und Teil seiner Werte. In den letzten Jahrzehnten sind die Bürger Europas dem Ruf nach mehr Mitteln gerne gefolgt. Eine Mehrheit der Europäer sieht es als ihre Pflicht, auf diesem Weg den Armen der Welt zu helfen.

Aber die Praxis der Entwicklungshilfe hat mit diesen hehren Überlegungen nur mehr wenig zu tun. Der Zufluss an Spenden- und Steuergeldern funktioniert fast unabhängig von tatsächlicher Sinnhaftigkeit, Wirksamkeit oder Effizienz einzelner Hilfsmaßnahmen. Damit läuft die Entwicklungshilfe Gefahr, sich nicht nur von den Menschen und Regierungen in Afrika zu entkoppeln, sondern auch von den Spendern und Steuerzahlern in Europa.

Westliche staatliche Entwicklungshilfe wurde damit allzu oft zu Fassadenmalerei.

Alles gut und schön. Aber selbst wenn die Situation um die Entwicklungshilfe so wie beschrieben ist und ihr Zweck sich immer weiter vom eigentlichen Helfen entfernt, ist Europa deswegen gleich der abgehängte Kontinent? Immerhin ist Europa nach wie vor der mit Abstand größte Hilfsgeber in Afrika. Schon deswegen haben wir Einfluss und sind trotz allem ein starker Partner. Oder etwa nicht?

5 · Der trotzige Außenseiter

»Zu Hause im Außenministerium als Direktorin für Asien, das war mein bisher leichtester Job. Die Asiaten sind geradlinig. Nicht wie die Europäer. Die sind viel zu kompliziert. Sie entscheiden nichts, überlegen wahnsinnig lange, nur um dann noch weitere Unterlagen anzufordern. Die Asiaten wissen, was sie wollen. Wir waren immer sofort einig. Innerhalb von wenigen Tagen konnten die besten und größten Projekte fixiert werden«, sagt die angolanische Botschafterin in Österreich bei einem Treffen im kleinen Kreis in Wien. »Ja, aber besteht nicht die Gefahr, dass sich Angola an China verkauft?«, fragt vorsichtig einer der Anwesenden. »Wie bitte?«, die Botschafterin wirkt plötzlich etwas erbost. »Was soll diese Frage? Wir sind ein unabhängiges Land und wissen unsere Interessen zu wahren. China baut bei uns hunderte Kilometer von Straßen und genau die brauchen wir. Möglichst schnell. Und China braucht das Erdöl, ja, das verkaufen wir ihnen. Ihr Europäer habt einfach nichts begriffen. Ihr glaubt, wir wissen nicht, was wir wollen. Ihr versteht Angola und Afrika nicht!«

»Dumme Frage«, raunt mir der neben mir sitzende portugiesische Bauingenieur zu. »Genauso wie der Präsident des Europäischen Parlaments kürzlich gemeint hat, die Kreditvergabe von Angola an Portugal wäre ein Zeichen des Abstiegs Portugals. Ihr nehmt Angola nicht für voll. Deswegen habt *ihr* Europäer Afrika an Asien verloren.« Der Portugiese grenzt sich von Europa ab, mit Verbitterung in der Stimme.

Der Peking Consensus

»Ich bin nicht hier, um zu helfen. Ich bin hier, um Geschäfte zu machen!« Das sagte mir der chinesische Geschäftsmann im Hotelaufzug, nachdem ich ihm erklärt hatte, dass ich als Berater des Bautenministeriums hier in Maputo sei. Und er mir gesagt hatte, dass er zu Hause in China stolzer Besitzer einer kleinen Textilfabrik sei und sich auf die Anfertigung von Militäruniformen spezialisiert habe. An diesem Tag hatte er einen wichtigen Termin im Verteidigungsministerium.

■

Geschäftsbeziehungen, bei denen die Partner gegenseitig ihre Interessen verfolgen, sind wichtiger als einseitige Hilfsbeziehungen. Das ist in etwa das, was in der Sprache der Hilfsindustrie als *Peking Consensus* bezeichnet wird. Als Gegenpol zu dem in den 1980er-Jahren entstandenen und dann viel geschmähten *Washington Consensus,* der als Synonym für die marktfundamentalistischen Konzepte von Internationalem Währungsfonds, Weltbank und US-Regierung angesehen wird.

Die chinesische Regierung hatte wohl schon unter Deng Xiaoping in den 1980er-Jahren begonnen, ihre Außenwirtschaftspolitik auf der Erkenntnis aufzubauen, dass Wirtschaft kein Nullsummenspiel ist und bei einer erfolgreichen Zusammenarbeit *beide Seiten zusätzlichen Nutzen* haben.

Die Sicherung der eigenen Rohstoffversorgung und der Zugang zu neuen Märkte für billig produzierte Konsumgüter, das waren die Interessen Chinas beim Einstieg in Afrika. Der Ausbau der maroden oder nicht existierenden Infrastruktur das Interesse der afrikanischen Länder. Zunächst sandte die chinesische Regierung staatliche Erdöl- und Bergbaugesellschaften zur Exploration der Rohstoffe nach Afrika. Als Gegenleistung baute China Straßen, Eisenbahnen, Flughäfen, Wohnsiedlungen, Sportstadien, Parlamentsgebäude, repräsentative Regierungsgebäude und andere Infrastrukturen, die die Afrikaner dringend benötigten. Das ging immer sehr schnell. Hunderte oder auch Tausende chinesische Arbeiter kamen und führten die Bauleistungen aus.

Legendär sind die staatlichen chinesischen Bauunternehmen, die für ihre Arbeiten in Afrika nicht nur das gesamte Personal aus China mitgebracht haben, sondern auch sämtliche Materialien, Wohncontainer, Küchen, Köche, Gärtner, Bauern, ja sogar Bordelle mit chinesischen Frauen. Aber das ist mittlerweile wohl Geschichte.

Heute sind die privaten chinesischen Unternehmen längst in der Überzahl. Genauso wie die staatlichen haben sie inzwischen in den lokalen afrikanischen Märkten Fuß gefasst, beschäftigen immer mehr Afrikaner, haben immer fortschrittlichere Managementstrukturen, bauen für unterschiedlichste lokale Auftraggeber und ermöglichen immer weiteren privaten chinesischen Unternehmen einen Zugang zum expandierenden Markt. Weit über eine Million Chinesen sollen heute in afrikanischen Ländern tätig sein, die überwältigende Mehrzahl davon im privatwirtschaftlichen Bereich.

China hatte gegenüber dem Westen den klaren Vorteil der ganz frischen Erfahrungen aus der Industrialisierung und Modernisierung der eigenen Wirtschaft. Und die Chinesen beschränken sich genau darauf, diese einfache »Modernisierung« der Wirtschaft nach Afrika zu transferieren. Sehr pragmatisch, ohne viel Ideologie und ohne die große Ambition, die gesamte Welt verbessern zu wollen. Zumindest gilt das für die vielen hunderttausend Chinesen, die in Afrika arbeiten und leben.

Modernisierung heißt hier zuallererst Aufbau der physischen Infrastrukturen wie Straßen, Eisenbahnen, Flughäfen, Häfen usw. Zweitens, Investitionen in die Erhöhung der Produktivität der Landwirtschaft. Drittens, Aufbau des verarbeitenden Sektors und der Industrien. Und schließlich Investitionen in den Bildungssektor. All dies ohne Experimente zum Gesellschaftsumbau.

Im Unterschied zum Westen hat China eine Zweiteilung in *Hilfe* und *Geschäft* nie aufkommen lassen. Beziehungen zwischen den Ländern waren immer in erster Linie Wirtschaftsbeziehungen. Ironischerweise hat ausgerechnet das kommunistische China dem Westen gezeigt, was Wirtschaftsbeziehungen bewirken können. Denn der Boom in Afrika geht zu einem beträchtlichen Teil auf das wirtschaftliche Engagement der Chinesen zurück.

China ist dabei nicht allein. Die Beziehungen Brasiliens, Indiens, der Türkei und all der anderen nicht-westlichen Länder zu den afrikanischen Ländern ähneln denen Chinas ungleich mehr als dem Auftreten Europas in Afrika. Sie alle setzen auf einen Interessensaustausch. Ohne einseitige Hilfe in den Mittelpunkt zu stellen.

Machen wir uns nichts vor: Die Gefahr bei einem Hilfsansatz ist immer, dass auf Seiten der Helfer der Altruismus, also die gedachte Uneigennützigkeit und Selbstlosigkeit, in Paternalismus umschlägt. Nur zu leicht endet das in Starrsinnigkeit beim Verfolgen der eigenen Ziele, Überheblichkeit und immer wieder auch Arroganz gegenüber den Hilfsempfängern. Doch diesen wurde in den letzten Jahren eine Alternative zur westlichen Hilfe geboten. Die wirtschaftlichen Erfolge Chinas und all der anderen neuen Akteure in Afrika haben das Fundament westlicher Entwicklungshilfe unwiderruflich untergraben.

Die westliche Entwicklungshilfe ist an ihren eigenen Ambitionen gescheitert. Ihre theoretischen Konzepte stellen ein isoliertes Denkwerk dar, das, wie im vorangehenden Kapitel ausgeführt, in keinem anderen Bereich mehr nützlich ist. Und die lokalen Regierungen gehen immer mehr auf Distanz. Der Beitrag der Entwicklungszusammenarbeit zur wirtschaftlichen Entwicklung Afrikas wird selbst in wohlwollenden Studien zwar positiv, aber insgesamt als vernachlässigbar angesehen. Während die nicht-westlichen Länder gezeigt haben, dass durch ganz normale Wirtschaftsbeziehungen Armut viel wirksamer bekämpft werden kann.

Das asiatische staatskapitalistische System zeigt nun auch in Afrika, was es kann, und es lässt die marktwirtschaftliche Demokratie Europas trotz der vielen Milliarden Euros an Hilfsgeldern schlecht aussehen. Immer mehr afrikanische Regierungen und immer mehr Afrikaner machen lieber Geschäfte mit asiatischen Regierungen und asiatischen Unternehmen, als sich von europäischen Hilfsprojekten helfen zu lassen.

Europa hat seine – wegen und trotz der Kolonialgeschichte – angestammte Vorbildrolle in Afrika verloren. China ist zum »New Normal« geworden.

Was bedeutet es nun, wenn Europa nicht mehr Vorbild in Afrika ist?

Bereits Ende der 1980er-Jahre hat Susan Strange, britische Professorin der Internationalen Politischen Ökonomie, erkannt, dass eine Analyse der Nationalstaaten und deren Politik und Wirtschaft nicht ausreichen wird, um die Geschehnisse einer sich zunehmend vernetzenden Welt zu verstehen. Schon damals, also vor dem Fall des Eisernen Vorhangs und vor der letzten Globalisierungswelle, hatte sie die vier »Machtstrukturen«, die sich aus der Bedienung der wichtigsten Grundbedürfnisse der Menschen ableiten, zur Erklärung der globalen Wirtschaft und Politik herangezogen. Die Realwirtschaft sichert die materielle Versorgung. Das Finanzsystem sorgt für den »Blutkreislauf« der Wirtschaft indem es die Güter und Dienstleistungen der Realwirtschaft erst tauschbar und handelbar macht, Kredite und Finanzierung zur Verfügung stellt und die Wechselkurse unterschiedlicher Währungsräume gestaltet. Das Sicherheitssystem bedient das Grundbedürfnis nach Frieden und Sicherheit. Und das Wissenssystem kann in den Worten des Managementdenkers Fredmund Malik als zentrales Nervensystem gesehen werden, das Wissen, Erfahrungen und Know-how generiert, zugänglich macht, verbreitet und damit wieder weiteres Wissen und Entwicklung hervorbringt.

Analysiert man diese vier Bereiche und betrachtet ihr Zusammenwirken, werden die Entwicklungen der Welt verständlicher. Seine derzeitige Stärke bezieht Deutschland aus der Realwirtschaft. Die mittelständische Wirtschaft mit ihren im vorangehenden Kapitel beschriebenen Hidden Champions hat Einmaliges für die Welt zu bieten. In vielen Bereichen blicken die Unternehmen der restlichen Welt auf die Qualität deutscher Produkte und Leistungen. Deutsche Unternehmen bestimmen den Stand der Technik.

Aber reicht die Wettbewerbsfähigkeit deutscher Unternehmen alleine aus, um den angestammten Platz in einer sich rasend schnell verändernden Welt zu behalten?

So sind die Spielregeln, Dummkopf!

»Ich bin Aladdin«, sagt die vornehme Dame mit japanischen Wurzeln. Sagt der smarte Investmentbanker im Wolkenkratzer von Manhatten. Sagt der Finanzanalyst vor seinem Bildschirm. Sagen die Vermögensberater, sagen deren Kunden. Und sagen noch viele andere. »Heute werde ich noch 1,8 Millionen Berichte liefern, 20 000 Handelsabschlüsse ausführen, 3000 Unglücke vermeiden helfen, vier Millionen Wertpapierverkäufe beobachten und deren Auswirkungen auf 14 Billionen Assets und 20 000 000 Portfolios aufzeichnen.«

Aladdin ist die kollektive Intelligenz von 3000 Analysten, 19 000 Anwendern und 50 der weltweit größten Finanzinstitutionen. Aladdin ist mehr als die Summe seiner Teile. Aladdin ist das zentrale Nervensystem des Unternehmens.

Es geht um *Blackrock*, den US-amerikanischen Finanzdienstleister und sein Informations- und Kommunikationssystem. »Aladdin ist ein gigantisches Datenanalysesystem, es besteht aus einem Heer von Analysten und rund 5000 Großrechnern, verteilt auf vier Rechenzentren, deren Standorte geheim sind und die 200 Millionen Kalkulationen pro Woche ausführen«, schreibt das *Handelsblatt* (Juni 2011). Es ist das derzeit machtvollste System zur Analyse von Wirtschafts- und Geschäftsdaten.

Sie haben als Deutscher, Schweizer oder Österreicher noch nie von Blackrock gehört? Blackrock ist an jedem der 30 mächtigsten deutschen börsennotierten Unternehmen beteiligt und ist bei jedem zweiten sogar der größte Anteilseigner!

Blackrock ist der bedeutendste Vermögensverwalter der Welt. Es hat die Macht über ein Vermögen von derzeit 4,2 Billionen Euro. Es ist wichtigster Aktionär bei Apple, Exxon Mobil, Microsoft, General Electric, Chevron, Royal Dutch

Shell und Nestlé sowie zweitgrößter Aktionär bei Google. Und, was viele nicht wissen, sein Rechensystem Aladdin managt das Vermögen von weiteren 50 großen Finanzinstitutionen, insgesamt einen Vermögenswert von gigantischen 13 Billionen Euro.

Zum Vergleich: Der Börsenwert der deutschen DAX-30-Unternehmen, darunter Bayer, Siemens, Volkswagen, SAP, BASF, Daimler, Allianz, BMW, Deutsche Telekom, Deutsche Bank, Henkel, Continental, Deutsche Post, beläuft sich vergleichsweise auf magere 1,2 Billionen Euro (Stand August 2014).

Ein Drittel dieser Dax Unternehmen gehört übrigens Personen oder Finanzkonzernen aus den USA oder Großbritannien, mit Blackrock als größtem Einzelaktionär. Ein weiteres Drittel gehört Unternehmen in der nicht-angelsächsischen Welt. Lediglich ein Drittel der Eigentümer ist noch in Deutschland zu Hause.

Und wem gehört Blackrock? Zu 75 Prozent den drei Großbanken Merrill Lynch, Tochter der Bank of America, PNC Financial Services und der britischen Barclays Bank. Und diese Unternehmen gehören State Street, Vanguard, J. P. Morgan, Wellington, Capital Research, Bank of New York Mellon, Capital World, Northern Trust, Franklin Ressources, dem Staatsfonds von Katar und – richtig – Blackrock.

■

Der Fall Blackrock zeigt, dass die Realwirtschaft mit deutscher Ingenieurskunst und Kundenorientierung nur einen Teil der Gesamtwirtschaft darstellt. Die Versorgung mit Krediten und Finanzkapital und die Gestaltung der globalen Währungsräume bestimmen andere. In der *Finanzwirtschaft* wird entschieden, wer sich wo wie hoch verschulden und tatsächlich investieren kann und wie die Bedingungen dafür lauten. Wie und wo Vermögen »angelegt« wird. Und wie hoch die »Renditen« letztendlich sein und wohin sie fließen werden.

Die relativ einfach zu digitalisierenden Produkte der Finanzwirtschaft, wie Kredite, Geldanlagen, Versicherungen usw., dehnten sich dank neuer Kommunikationstechnologien schnell auf den globalen Raum aus. Heute besitzt das neu entstandene Netzwerk aus Investmentbanken, Vermögensverwaltern und anderen hochspezialisierten Finanzinstitutionen zusammen mit den nationalen Zentralbanken und Aufsichtsbehörden die *strukturelle Macht,* die Spielregeln zu gestalten.

Macht und Einfluss werden innerhalb dieses Netzwerks bestimmt. Teilweise kontrollieren und besitzen sich diese Institutionen gegenseitig, teilweise stehen sie in Konkurrenz zueinander. Ein hochkomplexes Gebilde, das sowohl auf nationalstaatlichen Regeln beruht, als auch auf selbst organisierenden Verhaltensweisen im globalen Raum.

Dass die Macht der Finanzwirtschaft vor allem im angelsächsischen Bereich beheimatet ist, hat viele Gründe. Herausstechend ist die Funktion des US-Dollars als Leit- und Hauptreservewährung der Welt. Die USA sind damit in der Lage, sich die erforderliche Liquidität selbst zu beschaffen. Sie sind tatsächlich das einzige Land der Welt, das einfach die Notenpresse anwerfen und Geld für seine Staatsausgaben drucken kann. Ohne dass der Außenwert des US-Dollars bisher allzu sehr gelitten hätte.

Dieses System wird seit Jahrzehnten infrage gestellt, der Fall des US-Dollars immer wieder vorhergesagt. Aber noch können die USA ihre überhöhten Staatsausgaben und Importe im Ausland finanzieren. Die restliche Welt ist nach wie vor bereit dazu und hat offensichtlich wenig Alternativen. Die Mehrzahl der Experten meint, dass bis Mitte dieses Jahrhunderts weder der Euro noch der chinesische Renminbi noch eine digitale Währung wie *Bitcoins* den US-Dollar als Leitwährung ablösen werden.

Deutschland, drittgrößter Exporteur und viertgrößte Volkswirtschaft der Welt, Champion wichtiger Teile der Realwirtschaft, stellt in der Finanzwirtschaft keinen weltmächtigen Player dar. Die Macht zur Gestaltung der Spielregeln, die deutsche Unternehmen in der Realwirtschaft durch weltweite Vorgabe des Stands der Technik, der Normen und der Qualitätsniveaus besitzen, liegt in der Finanzwirtschaft gänzlich außerhalb des deutschen Einflussbereichs.

Grundbedürfnis Sicherheit

»Wenn Maiduguri fällt, ist Borno in der Hand von *Boko Haram*«, sagt Jacob Zenn von Jamestown Foundation, einem US-amerikanischen Thinktank. Borno ist der nordöstlichste Teilstaat Nigerias mit etwa fünf Millionen Einwohnern. Borno und *Boko Haram* wurden am 14. April 2014 der Weltöffentlichkeit bekannt, als die islamistische Gruppe 230 Schulmädchen im Alter zwischen 15 und 18 Jahren aus einem Schulinternat in Chibok entführte. Die Mädchen waren gerade dabei, ihre Abschlussprüfungen zu absolvieren. Danach erregte die globale Kampagne *#bringbackourgirls* die Aufmerksamkeit der Weltöffentlichkeit.

■

Sicherheit ist das wahrscheinlich wichtigste Grundbedürfnis des Menschen. Eigentlich kommt es noch vor den Bedürfnissen nach Nahrungsaufnahme und Kleidung, denn ohne ein Mindestmaß an Sicherheit geht gar nichts. Wer stellt sie her, wer sichert sie? Zu welchem Preis? Was sind die neuen Bedrohungen des 21. Jahrhundert? Das sind die zentralen Fragen, wenn wir versuchen, die Sicherheitsstruktur der immer weiter zusammenwachsenden Welt zu verstehen.

Eigentlich ist die Situation in Nigeria unglaublich. Einem Haufen von 4000 bis 5000 Kämpfern gelingt es, einen Teil eines Landes mit 175 Millionen Einwohnern zu destabilisieren? Für Außenstehende schreit das nach einer kurzen militärischen Intervention, um das Problem ein für alle Mal zu lösen. Aber Vorsicht, so einfach ist das nicht.

Die Aktivitäten der Islamistengruppe *Boko Haram* im Länderviereck Nigeria, Kamerun, Tschad und Niger sind auch ein Phänomen des weltweiten Terrorismus der Dschihadisten und damit *keine* allein afrikanische Angelegenheit, wie viele von uns bis vor Kurzem gesagt hätten.

Seit den Terroranschlägen von Paris auf Charly Hebdo im Januar 2015 ist es bei uns auch in die Öffentlichkeit vorgedrungen, dass *Boko Haram,* das vom *Islamischen Staat IS* ausgerufene Kalifat in Teilen von Syrien und dem Irak sowie das Terrornetzwerk der *Al-Qaida* in Jemen, Afghanistan und anderen Ländern zusammenhängen. Sie alle sind Teile einer mittlerweile weltweiten Bewegung, die versucht, das Zusammenrücken der Weltgesellschaft zu verhindern. Sie stellen sich gegen die dahinterstehenden westlichen Werte. Selbstmordattentäter, verheerende Anschläge, wilde Eroberungsschlachten, Gewaltherrschaft, grausamste Gerichtsbarkeit. Im Namen Gottes. Auf Basis einer Gesellschaftsordnung des 8. Jahrhunderts, verbreitet mit der Telekommunikation des 21. Jahrhunderts. Die Führer dieser Bewegung berufen sich auf den Willen Gottes als deren Legitimation, sind unendlich weit von einer Trennung von Staat und Religion oder gar von einer im westlichen Sinn *offenen* Gesellschaft entfernt. Sie stellen einen Allmachtsanspruch und senden terroristische Bedrohungen in die Welt hinaus.

Dabei hatte in den 1990er-Jahren nach dem Ende des Kalten Kriegs die Sicherheitslage für Europa noch ganz anders ausgesehen. Viele Länder, inklusive Russland, wollten sich einfach an der funktionierenden und wachsenden Wirtschaft Europas beteiligen. Die Attraktivität war so hoch, dass viele schon von einem post-militärischen Zeitalter sprachen und Sicherheitsfragen vollkommen in den Hintergrund gedrängt wurden.

Heute aber scheint es, dass eine sicherheitspolitische Bedrohung nach der anderen auf Europa überschwappt. Der Terrorismus mit seinen Dschihadisten ist nur eine davon, wahrscheinlich gar nicht die gefährlichste. Die Ukraine-Russland-Krise, also die Bedrohung Europas an seiner östlichen Auslandsgrenze durch die nationalistischen und expansionistischen Bestrebungen Russlands erscheint zum Zeitpunkt des Schreibens dieser Zeilen viel schwerwiegender. Hinzu kommen die Bedrohungen im virtuellen Raum, also dort, wo unsere Daten- und Informationsnetzwerke zusammenlaufen, durch sogenannte Cyberangriffe. Laut Experten stellt die Gefahr eines Cyberkriegs überhaupt die schwerwiegendste Bedrohung unserer Sicherheit dar.

Wie begegnet Europa diesen Bedrohungen und wie ist Europa dabei global aufgestellt? Was heißt das für die Sicherheitsstrukturen der Welt? Und was bedeutet das für Europas Beziehungen zu Afrika?

Der *European Council on Foreign Relations,* ein breit aufgestellter europäischer Thinktank, hat die Sicherheitsstrukturen der Europäischen Union und ihrer Mitgliedsstaaten im Jahr 2013 untersucht. Das Ergebnis: »Kakofonie – ein Mangel an gemeinsamen Zielen und geteiltem Ehrgeiz.« Und weiter: »Die meisten europäischen Verteidigungs- und Sicherheitsestablishments arbeiten mit einem starren Blick in den Rückspiegel.« Man spricht noch immer von den Bedrohungen der post-sowjetischen Zeit, als China wirtschaftlich und militärisch noch halb so groß war, man noch nicht die Lektionen der beiden Kriege in Afghanistan und im Irak vor Augen hatte, die USA sich noch nicht so stark Asien zugewandt hatten und die Wirtschaftskrise noch nicht zugeschlagen hatte.

Es gibt noch kaum ein koordiniertes europäisches Vorgehen zur Begegnung der Bedrohungen des 21. Jahrhunderts. Die ambitionierten deutsch-französischen Bemühungen zur Lösung der Ukraine-Russland-Krise Anfang 2015 sind erste wichtige Ansätze. Aber die europäische Front der Wirtschaftssanktionen gegen Russland ist brüchig, im Moment drohen gerade Ungarn und Griechenland auszuscheren. Das europäische Institutionengefüge ist nicht für diese Art von Konfrontation gebaut, da nationale Interessen und nicht das gemeinsame europäische Interesse im Vordergrund stehen. Dem Gegner wird es leicht gemacht, einen Keil zwischen die Mitgliedsländer der Europäischen Union zu treiben.

Und gegen die russische Militärdoktrin des nicht erklärten Kriegs, der grünen Männer ohne Hoheitsabzeichen, des beständigen Nachschubs schwerer Waffen aus dem unerschöpflich scheinenden Militärarsenal sowjetischer Zeiten, dagegen scheint es im Moment keine Mittel und Wege zu geben. Mit solch einer Situation haben wir in Europa einfach nicht gerechnet.

Und ob Europa angesichts der nicht vorhandenen Abstimmungen und Koordinierungen beim technologischen Wettlauf um Sicherheit und Vorherrschaft im digitalen Raum mithalten kann, also sich gegen Cyberangriffe weiterhin wird schützen können, ist derzeit auch zu bezweifeln.

Die weltweiten Militärausgaben sprechen eine deutliche Sprache. 2013 hatten die USA dafür 580 Milliarden Euro ausgegeben. China als zweitgrößte Militärmacht 170 Milliarden Euro. Es folgten Russland mit 80, Saudi-Arabien mit 60,

Frankreich mit 55, Großbritannien mit 53 und Deutschland mit 44 Milliarden Euro.

Die Sicherheitsstruktur der Welt ist nach wie vor zuallererst von den USA geprägt. Ob wir in Europa das wollen oder nicht. Europas Beitrag zur Herstellung und Sicherung des globalen öffentlichen Guts Sicherheit ist vergleichsweise gering.

Und mit den drei angeführten Bedrohungen, vor allem der Destabilisierung durch Russland an der Ostgrenze, aber auch der terroristischen Attacken und mit den Bedrohungen im *Cyber*-Raum, wird gerade Europas wichtigster Beitrag hart geprüft: Die Vorbildfunktion, als einziger Kontinent dauerhaften Frieden zwischen seinen Ländern und Völkern geschaffen zu haben, nach Jahrhunderten von Feindschaften und Kriegen.

Diese Vorbildfunktion eines friedlichen Europas schwindet auch in Afrika. Das hängt nicht zuletzt mit der globalen *Wissensstruktur* zusammen, die in hohem Maße unser Denken bestimmt.

MBAs und chinesischer Staatskapitalismus

Die Macht, die sich aus der Wissensstruktur ableitet, ist die am meisten übersehene und unterschätzte. Sie ist nicht weniger wichtig als die anderen drei Quellen struktureller Macht [...], aber sie wird am wenigsten verstanden. Das ist zum Teil so, da sie das umfasst an was wir glauben [...]; was als gewusst und als verstanden aufgefasst wird; und die Kanäle, durch welche Glauben, Ideen und Wissen kommuniziert werden – inklusive einiger Leute und exklusive anderer.   Susan Strange, 1989

Nach der Realwirtschaft, der Finanzwirtschaft und der Sicherheitsstruktur ist die globale *Wissensstruktur* also der vierte wichtige Bereich, der die Machtverhältnisse im globalen Dorf bestimmt. Sie hat mit dem zu tun, was Peter Drucker vor vielen Jahren als »Wissensgesellschaft« bezeichnete. Sie stellt, wie oben geschrieben, das »zentrale Nervensystem« unserer Gesellschaften dar.

Vieles von dem, was in Afrika und auf der Welt in den letzten zwei Jahrzehnten passierte, geht auf die Globalisierung der Wissensstruktur zurück. Auch weil immer mehr Wissen, Know-how und Erfahrungen weltweit austauschbar wurden, es zu Vereinfachungen und Standardisierungen gekommen ist, konnte es zu diesem Globalisierungsschub und zum wirtschaftlichen Aufstieg der restlichen Welt kommen.

Aber was genau ist in diesem Bereich in den letzten Jahren passiert? Speziell im fernen Afrika? Welche Wissenskulturen haben im Hintergrund die Entwicklungen bestimmt und den globalen Mächten ihre Legitimation gegeben? Und können wir bereits absehen, wer zukünftig den Rahmen für unser Denken bestimmen wird?

Der Aufstieg der Schwellenländer wäre ohne die Verbreitung des »amerikanischen Traums« nicht möglich gewesen. Zumindest nicht in dieser Form und nicht mit dieser Geschwindigkeit. Das Streben nach materiellem Reichtum wurde eine ganz wesentliche Triebfeder in allen Aufbaugesellschaften, von Asien über Osteuropa bis Afrika.

Bei all meinen Arbeiten, ob in den kleinsten Dörfern auf den Kapverdischen Inseln oder in den Millionenstädten Ugandas, Tansanias, Äthiopiens, Mosambiks oder Südafrikas, habe ich es immer mit Menschen zu tun gehabt, die an eine bessere materielle Zukunft glaubten. An wirtschaftlichen Aufstieg und einen Wohlstand, der über den ihrer Eltern hinausgehen würde. Vom Tellerwäscher zum Millionär, diese Geschichte ist überall bekannt. Hollywood hat ganze Arbeit geleistet.

Und der amerikanische Traum hat viel tiefer gehende Aus-wirkungen als nur die zusätzlichen wirtschaftlichen Möglich-keiten. Traditionelle Gesellschaften verändern sich und wer-den erstmals sozial durchlässig. Wirtschaftliche Leistungen machen gesellschaftlichen Aufstieg möglich. Nicht nur Ab-stammung und Heirat. Das Mehr an wirtschaftlicher Frei-heit, das die afrikanischen Länder ihren Bevölkerungen seit Anfang der 1990er-Jahre gewähren, zusammen mit der Idee einer Leistungsgesellschaft, hat damit lokale Werte auf den Kopf gestellt und Gesellschaften von Grund auf verändert.

Hinzu kommt ein weiterer Aspekt, der auf den ersten Blick nicht immer gleich gesehen wird: Die Ausbildung der Füh-rungskräfte hat sich in den letzten Jahren weltweit vereinheit-licht. Es waren die USA, die mit dem Studium zum MBA, dem *Master of Business Administration,* den globalen Standard setzten. Längst wird diese Ausbildung überall auf der Welt an-geboten und mittlerweile haben Millionen von Menschen auf allen Kontinenten eine solche absolviert. Die Denkstrukturen der Führungskräfte der Welt haben sich dadurch immer mehr angeglichen, in der Privatwirtschaft wie auch im öffentlichen Bereich.

Aus europäischer Sicht ist das höchst interessant. Die Grundlagen hat der MBA-Kurs noch mit unserer Betriebs-wirtschaftslehre gemeinsam, zu einem wichtigen Teil gehen sie auf die im Jahr 1494 vom venezianischen Franziskaner-pater Luca Pacioli bekannt gemachte doppelte Buchhaltung zurück. Erst in der zweiten Hälfte des 20. Jahrhunderts hat die amerikanische MBA-Ausbildung dann einen eigenständi-gen Weg genommen und wurde zu einem wichtigen Hebel für die Verbreitung eines anderen, sehr spezifischen Wirtschafts-denkens.

1970 hatte der spätere Nobelpreisträger Milton Friedman einen Aufsatz im Magazin der *New York Times* veröffentlicht.

Das Hauptziel jedes Unternehmens sei das Generieren von Gewinn für die Eigentümer. 1981 stellte Jack Welch, damals gerade neuer CEO von General Electric, die These auf, dass der Zweck eines Unternehmens die Gewinnmaximierung ist und dass damit gleichzeitig der Wohlstand der Gesellschaft maximiert wird. Das war der Beginn eines Wirtschaftsdenkens, das sich langsam von Kundenproblemen, Kundennutzen und anderen realwirtschaftlichen Begriffen zu verabschieden begann.

Im Jahr 1986 hat dann Alfred Rappaport mit seinem Buch *Shareholder Value – Ein Handbuch für Manager und Investoren* diesem Ansatz seinen Namen und die endgültige theoretische Grundlage gegeben – das *Shareholder-Value*-Denken.

Die zahlenfixierte Ausbildung zum Master of Business Administration, die das Gewinnmaximieren und den Wertzuwachs des *eigenen* Unternehmens in den Mittelpunkt stellt und gesellschaftlich wünschenswert macht, wurde zum weltweiten Standard für Führungskräfte. Sie eroberte die Welt der Ideen und wurde auch zur theoretischen Grundlage für das ungeheure Hebeln des Finanzsektors. Bis dann 2007 mit der sogenannten »Subprime-Krise« und endgültig mit der Pleite von Lehman Brothers im Jahr 2008 das System implodierte. Wir kennen die Geschichte.

Ein zweites Theoriengebäude, das in der globalen Welt der Ideen Fuß fasste, kam später und aus einer ganz anderen, gegensätzlichen Richtung. Mit der Eroberung der Weltmärkte durch chinesische Unternehmen wurde auch ganz automatisch das damit einhergehende Wirtschaftsmodell eines Staatskapitalismus hochattraktiv. Wirtschaftliche Entwicklung und Wohlstandsvermehrung gelang ja durch autoritäre staatliche Politik und Überwachung bei gleichzeitiger Liberalisierung genau eingegrenzter Wirtschaftsbereiche. Vor allem bei der Eingliederung jahrhundertealter archaisch-ländlicher

Strukturen in das globale Wirtschaftssystem war dieses System erfolgreich.

China setzte dabei, wie oben angeführt, »staatlich dirigistisch« auf den Ausbau der Infrastruktur, die Modernisierung der Landwirtschaft, den Aufbau der Produktionsstrukturen und den Ausbau des Bildungs- und Ausbildungssektors. Es war damit dem westlichen Ruf nach sofortiger Liberalisierung aller Bereich nicht gefolgt. – Im Übrigen gar nicht so unterschiedlich von den europäischen Ländern in der Nachkriegszeit des 20. Jahrhunderts, die ihre Wirtschaft ja auch keinem internationalen Wettbewerb aussetzen mussten und politisch auch viel weniger liberal als heute agierten.

Die Welt der Ideen

Interessant ist nun, dass in vielen Ländern Afrikas – und auch in anderen Schwellenländern der Welt – das MBA-getriebene US-amerikanische Shareholder-Value-Denken mit dem asiatischen Staatskapitalismus eine Liaison eingegangen ist.

So unterschiedlich die dahinterstehenden Ideen auch sein mögen und so gegensätzlich die politischen Systeme sind, aus denen die Konzepte stammen, in Kombination sind sie ein hochattraktives Gemisch für viele Führer und Eliten in Schwellen- und Entwicklungsländern. Eine traditionell autoritäre Politik lässt Privatinitiativen in bestimmten Wirtschaftsbereichen zu. Angefeuert durch den Globalisierungsschub der letzten Jahrzehnte entsteht Dynamik und materieller Wohlstand. Von einem niedrigen Niveau ausgehend, funktioniert das gut. Rechtsstaat und Rechtssicherheit sind noch nicht sehr ausgeprägt, der Staat hat den Finger jederzeit am Drücker und kann zu reich und zu mächtig werdende Personen der Privatwirtschaft jederzeit einbremsen. Eine vernetzte

Elite aus politischen Machthabern und privaten Unternehmern entsteht.

Damit gibt das US-amerikanische Shareholder-Value-Denken dem persönlichen Gewinnstreben autoritärer Staatenlenker eine zusätzliche Legitimation. Denn dieses Denken besagt ja, dass persönliches Gewinnstreben das Beste für die Gesellschaft als Ganzes sei. Die liberale westliche Welt trägt also zum Machtausbau autoritärer Systeme bei. Eine bizarre Facette der Geschichte.

Die Wissensstruktur der Welt ist in Riesenschritten zu einem zusammenhängenden, weltumspannenden System geworden. Auf dem Gebiet der Ideen kommen die großen Vorbilder für Afrika nun aus Asien und den USA. Angesichts der Erfolge Chinas will heute niemand von so etwas wie einer sozialen Marktwirtschaft hören. Europäisches Denken und europäische Konzepte wurden verdrängt. Und die beständige Finanz- und Verschuldungskrise in Europa tut ihr Übriges, den afrikanischen Blick auf Europa nicht nur nicht mehr interessiert und erwartungsvoll, sondern eher immer abweisender und geringschätzender werden zu lassen. Wie konnte es so weit kommen?

Die Macht, die sich aus der Wissensstruktur ableitet, ist die am meisten übersehene und unterschätzte, schrieb Susan Strange noch vor dem letzten großen Schub der Globalisierung. Fünfundzwanzig Jahre später sehen wir, was das bedeutet. Nach dem Ende des Kalten Kriegs in den 1990ern sprachen alle von einer monopolaren Welt, mit den USA als Zentrum und der westlichen marktwirtschaftlichen Demokratie als dem Ideal- und Leitbild. Auch in Afrika setzte ein Demokratisierungsschub ein. Wie im ersten Kapitel beschrieben, stieg in diesem Zeitraum die Zahl der Länder mit demokratischen Strukturen von drei auf fünfundzwanzig und weiteren 22 Ländern mit Wahlen oder wahlähnliche Veranstaltungen in der einen oder anderen Form. Die Welt der Ideen hatte damals ihre Wirkung voll entfaltet. Francis Fukuyamas Essay vom »Ende der Geschichte« mit der westlichen liberalen Demokratie als dem Ideal und Endpunkt politischer und gesellschaftlicher Entwicklung hatte das damalige Denken wohl am besten auf den Punkt gebracht.

Heute aber ist alles anders. Das erfolgreiche China hat die globale Wissensstruktur und die *Welt der Ideen* verändert und diese wirkt zurück auf die Realitäten. Der mit Ende des Kalten Kriegs einsetzende Demokratisierungsschub scheint vorerst gestoppt. Mit dem Verweis auf die wirtschaftlichen Erfolge des autoritären China kopiert Äthiopien das chinesische politische Modell. Regierungsgegner werden weiterhin eingesperrt oder ins Exil gedrängt, abweichende Meinungen oder eine Infragestellung der Partei nicht geduldet. Gleichzeitig werden dank der Globalisierung beste wirtschaftliche Erfolge eingefahren. Äthiopien war in den letzten Jahren immer unter den am schnellsten wachsenden Ländern Afrikas. Nicht unähnlich sind die Situationen in anderen Ländern wie Angola, Nigeria, Äquatorialguinea oder Ruanda. Die Wirtschaft floriert, die Politik aber nimmt von Neuem autoritärere Züge an.

Das bedeutet auch, dass bei den Menschenrechten und im Bereich der Rechtsstaatlichkeit wieder mehr Abstriche gemacht werden. Vor allem die Freiheit der eigenen Meinung wird erneut eingeschränkt. Die Ideale einer offenen und demokratischen Gesellschaft rücken abermals in weitere Ferne. Diese Freiheit des Einzelnen, die im Mittelpunkt der erfolgreichen Entwicklung westlicher Gesellschaften gestanden ist und die in den 1990er-Jahren noch zum Entwicklungsideal afrikanischer Reformen gehörte, ist leider wieder weniger wichtig geworden. In einigen Ländern ist sie überhaupt kein Thema mehr.

Und wie reagieren wir Europäer darauf? Gar nicht! Wir tun so, als ob diese Veränderung des Denkens und der politischen Ideen in den afrikanischen Ländern gar nicht stattgefunden hätte. Wir setzen unsere Entwicklungspolitik in alter Manier fort, stellen unsere Bedingungen nach »guter Regierungsführung« und glauben, dass dies die Situation verändern wird. Wir sehen nicht, dass es letztendlich für niemanden auf Dauer attraktiv sein kann, immer nur Geschenke anzunehmen und dabei auch noch gesagt zu bekommen, wie man sich verhalten muss, anstatt auf Augenhöhe einen Dialog zu führen. Viele afrikanische Entscheidungsträger haben daher eine Zusammenarbeit vorgezogen, bei der sie selbst etwas gestalten können. Selbst wenn es eine mit den vor zwanzig Jahren noch so gering geschätzten Chinesen ist.

Warum aber verändern die Verantwortlichen in Europa und all die Afrika-Aktivisten der europäischen Zivilgesellschaft ihr Verhalten nicht?

Der Europäische Patient

»Europa leidet unter den Verbrechen, die es begangen hat«, meint die in Paris lebende bulgarische Psychoanalytikerin und Philosophin Julia Kristeva in einem Interview in der *Frankfurter Allgemeinen Zeitung* (Mai 2013). Während in Deutschland und Österreich in den letzten Jahrzehnten doch einiges an Analyse und Aufarbeitung zur Zeit des Nationalsozialismus geschehen ist, hat Europa als Ganzes sich nicht ausreichend mit seiner dunklen Vergangenheit auseinandergesetzt. Kristeva denkt dabei »an die Inquisition, an die Pogrome, an den Kolonialismus, an den Machismo oder an die Kriege, die für den Kontinent verheerend gewesen sind und sich über die ganze Welt ausgebreitet haben«.

Für Afrika gilt: solange der Kolonialismus wie ein »verborgener Schatten« über unseren Beziehungen zu den einzelnen afrikanischen Ländern liegt, werden wir keine gemeinsame, gegenseitig befruchtende Arbeit leisten können. Wäre Europa ein Patient und würde sich einer Psychoanalyse unterziehen, ginge es zunächst einmal darum, die Vergangenheit, all die Verbrechen und all die Sackgassen zu erkennen, meint Kristeva.

Genauso wie Deutschland heute klare Worte zu Holocaust und Nazizeit findet, müssen England, Frankreich, Portugal, Belgien und auch Deutschland klare Worte zu ihrer kolonialen Vergangenheit finden. Diese Debatten finden in den großen ehemaligen Kolonialländern auch statt, in Deutschland, der Schweiz oder Österreich bekommen wir aber nur wenig davon mit. Das zeigt auch die Komplexität des europäischen Einigungsprozesses. Denn der europäische Kolonialismus prägte Europa und veränderte die Welt, wird aber nicht als Teil des gemeinsamen europäischen Bewusstseins verstanden.

Die deutsche Kolonialgeschichte war im Übrigen eine kurze und im Weltmaßstab wahrscheinlich unbedeutend. Aber nichtsdestotrotz war sie eine grausame mit zwei brutalen Kolonialkriegen, 1904 bis 1908 den Krieg gegen die Herero und Nama im damaligen Deutsch-Südwestafrika (dem heutigen Namibia) und 1905 bis 1907 den sogenannten Maji-Maji-Krieg in Deutsch-Ostafrika (heute Tansania). Im August 2004 hat sich die deutsche Entwicklungsministerin Heidemarie Wieczorek-Zeul offiziell in der namibischen Hauptstadt Windhuk für die Gräueltaten der Deutschen entschuldigt.

Die fehlende Aufarbeitung der prägenden Verbrechen hat Europa in seinem Denken in »Sackgassen« geführt. Die Europäer haben etwa vergessen, »dass Solidarität nicht nur eine materielle, sondern auch eine spirituelle Seite hat«, meint Julia Kristeva. Dies trifft auch auf die Kolonialgeschichte und auf Europas Beziehungen zu den afrikanischen Ländern zu.

Viele glauben, dass Solidarität mit den Nachfahren der Opfer unserer Kolonialgeschichte vor allem in materieller Hilfe bestehen muss. Und haben deswegen die Fähigkeit zu einem geistig-inhaltlichen Dialog mit unseren afrikanischen Partnern verloren.

Wir winken mit den Millionen, mit denen wir helfen wollen, und sehen das Blinken in den Augen der potenziellen Empfänger. Wir hören nicht mehr hin, auch weil wir nur die materielle Seite der Beziehungen sehen. Wir verhandeln und »einigen« uns – »einem geschenkten Gaul schaut man nicht ins Maul« – und meinen dann zu wissen, was die andere Seite denkt und was sie braucht.

Dabei wissen wir immer weniger, was die andere Seite wirklich bewegt, worin für sie der eigentliche Zweck eines bestimmten Vorhabens liegt, was sonst noch für sie wichtig ist, was die wirklichen Überzeugungen sind und überhaupt, worin sie den Sinn in der Zusammenarbeit sieht und woran sie wirklich *glaubt*. Darüber hinaus blockiert die von uns selbst aufgebaute Administration und Bürokratie der Entwicklungshilfe jede weitere Kommunikationsfähigkeit.

Es eine Ironie der Geschichte, dass die Vertreter der vielen NGOs mit ihrem bedingungslosen Lobbying für mehr Entwicklungshilfegelder, wie zum Beispiel für die 0,7 Prozent des BIP die dafür ausgegeben werden sollen, zu einer Ökonomisierung unserer Beziehungen zu den afrikanischen Ländern beitragen. Unsere Solidarität drückt sich damit nur mehr im Materiellen und in Euro und überhaupt nicht mehr in Werten, Zweck und Sinn aus.

Gut in dieses Bild des fehlenden geistig-inhaltlichen Dialogs und der damit fehlenden Auseinandersetzung mit der

Realität passen auch die Bewegungen der »Wut-Bürger« und »Mut-Bürger«. Kristeva dazu:

»Eine weitere Sackgasse Europas ist der Hang zur Empörung, ein Wort, das inzwischen groß in Mode ist. In meinen Augen ist die Empörung romantisch, eine von Abwehr und Zorn geprägte und jugendlich-unreife Reaktion, die keine glaubwürdige Alternative benennt, weil sie keinerlei Interaktion mit dem anderen vorsieht. Sie denkt nicht an den anderen. Es ist eine Haltung, die zum Dogmatismus verleitet; sie ist ihrem Wesen nach totalitär und todbringend. Die Empörung ist eine europäische Sünde, ein negativer Narzissmus.«

Empörung und das nicht Benennen glaubwürdiger Alternativen für das eigene Handeln schaukeln sich gegenseitig auf. Sie sind eng mit fehlender Wertschätzung der eigenen Gemeinschaft und Gesellschaft verbunden. Die großen Machtblöcke der Welt, die USA, China, ja selbst der arabische Raum, Brasilien oder Indien, wissen, wer sie sind, wohin sie wollen und was dafür zu tun ist.

Nur Europa fehlt diese spezifische Identität, die jedem von uns auf abstrakter Ebene von vorneherein klarmacht, wofür wir stehen, wo wir hinwollen, was der Zweck unseres Tuns ist, worin in unseren Beziehungen zu Afrika der Sinn liegt.

Europa erkennt seine eigene Vielfalt nicht an, sieht den großartigen Schatz seiner Kultur nicht als Chance, sondern eher als Last, ganz besonders in der – zugegeben historisch belasteten und heiklen – Beziehung zum afrikanischen Kontinent. Europa sieht nicht, dass es eine *sanfte Großmacht* auf dieser Welt ist und sein sollte, und weiß nicht, was es dieser Welt alles geben könnte.

In den Beziehungen zum afrikanischen Kontinent lässt sich die fehlende »Ganzheit« Europas erkennen. Wir wissen nicht, was wir wollen, können deswegen unsere Interessen nicht klar darstellen und im Zweifelsfall zahlen wir halt ein bisschen mehr in den einen oder anderen Topf der Entwicklungshilfe ein. Auch deswegen ist unser Verhalten so gestaltet, dass Afrikaner darin des Öfteren Beliebigkeit und manchmal auch Arroganz erblicken.

Ich meine, ohne klare europäische Identität werden wir unsere Beziehungen zu den afrikanischen Ländern verspielen. Auch wenn wir noch so viel Geld in die Entwicklungshilfe stecken. Und wir werden uns in der immer komplexer werdenden Weltgesellschaft verlieren.

Eine andere Globalisierung

Der Aufstieg der restlichen Welt und die *dritte globale Machtverschiebung der Neuzeit*, die ich im zweiten Kapitel beschrieben habe, ist längst in allen Machtsphären der Welt angelangt. Europa erkennt heute, dass andere die globalen Spielregeln des Handelns bestimmen. Das bedeutet, Europa wird seinen Platz in der Welt nicht mehr lange behaupten können.

Die Analyse der vier fundamentalen Machtstrukturen zeigt, was auf Europa zukommt. Die Realwirtschaft ist der letzte Bereich, in dem Europa noch Standards setzen kann. Doch dieser beschränkt sich auf die mittelständische Wirtschaft im deutschen Sprachraum. Es ist aber eine Illusion, zu glauben, dass die Realwirtschaft alleine die grundlegende materielle Versorgung der Menschheit gewährleistet.

Erst zusammen mit der Finanzwirtschaft wird sie auf globalem Niveau ermöglicht. Und da sind ganz klar die Vereinigten Staaten Bestimmer. Europa als Ganzes ist relativ unbedeutend. Dabei suchen China und andere Machtblöcke händeringend nach Alternativen, ihre Währungsreserven zu diversifizieren. Aber statt den Euro zu einer standardsetzenden Leitwährung zu machen und damit Europa einen dringend notwendigen Freiheitsgrad in der Gestaltung seiner Politik zu geben, streiten die Euro-Länder über global gesehen unwichtige Formalitäten einer gemeinsamen Wirtschaftspolitik und sehen sich außerstande, ihre nationalstaatlichen Interessen zu überwinden.

Für das globale Sicherheitssystem gilt, dass Europa die neuen Bedrohungen des 21. Jahrhunderts nicht meistern wird, solange das Klein-Klein nationalstaatlicher Besitzstandswahrung dominiert. Und wer zahlt, schafft an. Das sind die USA. Einzig China scheint sich langfristig als Alternative aufzubauen.

Und schließlich hat Europa im globalen *Wissenssystem* in den letzten Jahren massiv an Bedeutung, Einfluss und Vorbildfunktion verloren. Die Beziehungen zu Afrika zeigen das deutlich und können als Frühwarnindikator aufgefasst werden. Im Bereich der Ideen hat sich Afrika von Europa besonders deutlich ab- und sowohl dem US-amerikanischen als auch dem asiatischen Raum zugewandt.

Die Art des zukünftigen Zusammenwachsens unserer Weltgesellschaft wird sich aber an den heute dominierenden Ideen ausrichten. Und wenn Europa nicht in der Lage ist, seine Werte und Interessen zu organisieren und seine Identität zu finden, wird Europa die Welt der Ideen auch weiterhin immer weniger beeinflussen können. Das Zusammenrücken der Weltgesellschaft wird dann immer mehr auf anderen Werten als denjenigen Europas beruhen.

Folgenschwer für uns in Europa, die wir politische Freiheiten leben, ist, dass es immer mehr zu einer Globalisierung kommt, die autoritär gestaltet werden wird. Und dass Europa darin keinen Platz mehr haben wird, zumindest nicht das Europa, wie wir es heute kennen.

Desto länger wir uns nicht vom Schatten der Vergangenheit befreien, desto schwieriger wird es, die europäischen Werte zu sehen und die europäische Identität klarzustellen. Desto weniger gelingt es uns, die Grundfeste unserer Gesellschaft zu verteidigen, die Demokratie, die Marktwirtschaft, das unabhängige Rechtssystem und die freie Zivilgesellschaft. Desto mehr verlieren wir unsere Freiheiten und desto weniger werden wir unsere sozialen Standards halten können. Und desto mehr wir unsere sozialen Standards verlieren, desto autoritärer wird die Politik werden – ein sich selbst verstärkender Kreislauf.

Heißt das, dass Europa verloren ist?

6 · Wieso wir neu sehen lernen müssen

Ist Europa verloren? Fahren wir mit den letzten fünf Litern Benzin und danach ist alles aus?

Die Entwicklung ist dramatisch und besonders gut an den europäischen Beziehungen zu Afrika abzulesen. In den vorangegangenen Kapiteln habe ich Menschen und Länder des afrikanischen Kontinents beleuchtet. Ich habe persönliche Erfahrungen beschrieben und Schlussfolgerungen für Europa gezogen. Eine kritische Masse von afrikanischen Ländern ist in den letzten Jahren Teil der globalisierten Weltwirtschaft geworden und boomt (Kapitel 1). In der Peripherie Europas haben sich die Machtverhältnisse in Beziehung zu afrikanischen Ländern umzudrehen begonnen (Kapitel 2). Die westliche Welt und insbesondere Europa mauern sich mit ihrer Entwicklungspolitik ein und verlieren den Anschluss an die lokalen Entscheidungsträger in Afrika (Kapitel 4). China ist in den letzten zwei Jahrzehnten wie ein Phönix aus der Asche gestiegen und zum *new normal* in Afrika geworden. Europa ist immer weniger Teil der globalen, die Spielregeln der Macht bestimmenden Strukturen. In der Welt der Ideen hat sich Europa als Vorbild für die afrikanischen Länder verabschiedet. Eine autoritärere Form einer Weltgesellschaft droht und Europa ist dabei, seinen Platz in der Welt zu verlieren (Kapitel 5).

In diesem Kapitel versuche ich nun darzulegen, welche Wahrnehmungen wir hinterfragen müssen, um unser realitätsfernes Bild von Afrika zu ändern, und wie wir Europa so auf Kurs bringen können, dass es wieder zu einer gestaltenden Kraft werden kann.

Vorweg: Ich hatte in den letzten dreißig Jahren das Privileg, den unglaublichen Veränderungsschub in einigen der aufstrebenden afrikanischen Ländern quasi *live* mitzuerleben. Nach einem zunächst zweieinhalbjährigen Aufenthalt in Afrika waren meine über hundert folgenden Afrikareisen ein Kommen und Gehen, das mir einen freien Blick und gleichzeitig den notwendigen Abstand gab, die Veränderungen abstrahiert erfassen zu können. Ich konnte die Globalisierung aus der ersten Reihe miterleben.

Aus dieser Position eines involvierten Beobachters stelle ich fest …

… in Afrika wird Europas Platz in der Welt entschieden!

Viele sprechen von einer »Übergangsphase« auf unserem Planeten. Die Veränderungen lassen sich, wie man heute gerne sagt, zu den im Folgenden beschriebenen vier »Treibern« zusammenfassen.

Globalisierung: Wer heute über Afrika schreibt, muss über die Globalisierung schreiben. In den nächsten Jahrzehnten wird die Menschheit immer näher zusammenrücken. Nur die in Kapitel 2 beschriebene *Konstante der Menschheitsgeschichte,* stetig zunehmende Arbeitsteilung und zunehmender Handel, macht das Überleben der zukünftig neun Milliarden Menschen auf dem Globus überhaupt vorstellbar. Immer arbeitsteiligere globale Wertschöpfungsketten und die globale Wissensgesellschaft nehmen immer enger verzahnte und verschränkte Formen an. Die afrikanischen Länder haben hier längst »angedockt« und sich »eingeloggt«, wie im ersten Kapitel beschrieben. Die fortschreitende Urbanisierung und die neuen Megastädte Afrikas entwickeln ungeahnte Dynamiken. Innovations- und Produktivitätsschübe prägen die Wirtschaft der nicht-westlichen Welt, nicht nur in Afrika. Die mehrmals genannte dritte globale Machtverschiebung der Neuzeit ist die Folge.

Technologischer Wandel: Die Informations- und Kommunikationstechnologien und die *Cloud* sind allgegenwärtig und die Digitalisierung schreitet weiter voran. Die afrikanischen Länder steigen gleich direkt in das digitale Zeitalter ein und überspringen ganze Technologien. Das Mobiltelefon hat die Festnetztelefonie gar nicht erst aufkommen lassen, das Smartphone nicht den Desktopcomputer und das *Mobile Banking* nicht die Filialnetze der Banken. Ein neuartiger »*mobile-only*«-Kontinent ist entstanden.

Demografische Veränderungen: Die Langlebigkeit der Menschen lässt bei uns in Europa ganz neue Anforderungen und Bedürfnisse entstehen, neue Wirtschaftszweige und neue Kulturen. Dem steht in Afrika eine junge Bevölkerung diametral gegenüber, deren Gesellschaften gerade die im ersten Kapitel beschriebenen Einmaleffekte der »demografischen Dividende« und der Urbanisierung generieren. Diese Gegensätze werden die Arbeitsteilung auf der Welt weiter vertiefen und weitere globale Migrationsströme nach sich ziehen.

Neue Energiequellen: Als ich diese Zeilen schreibe, hat der Ölpreis mit weniger als 45 Euro pro Fass gerade einen neuen Tiefststand erreicht. Aber das Ende des Zeitalters fossiler Brennstoffe ist dennoch eingeläutet. Das Zusammenwachsen der zukünftig neun Milliarden Menschen erfordert eine nachhaltige Nutzung von Umwelt und Rohstoffen. Die globalen Klimaveränderungen haben den Bewusstseinswandel mittlerweile nicht nur in der westlichen Welt, sondern auch in Afrika eingeleitet.

Es sind die Veränderungen und die wechselseitigen Verstärkungen dieser vier Kräfte, der Globalisierung, der Kommunikationstechnologien, der Demografie und des Übergangs zu einer neuen Energieversorgung, die zu den großen wirtschaftlichen und gesellschaftlichen Umbrüchen führen, von vielen die *große Transformation* genannt. Das sind die Rahmenbedingungen, ob wir in Europa das wollen oder nicht.

Im Jahr 2015 erleben wir in Europa das achte Jahr der *Krise*. Wachstumsschwäche, Jugendarbeitslosigkeit, hohe Verschuldungsraten, Deflation, Nullprozent-Zinsniveau. Die Folgen sind gravierend, besonders an der Peripherie Europas kommt es zu einer breiten Entfremdung einer immer größeren Gruppe von Menschen von der Gesellschaft und zu politischer Radikalisierung.

Die Regierungen versuchen mit allen Mitteln gegenzusteuern. Doch die Wirtschaft lässt sich nicht so einfach wie eine Waschmaschine einschalten.

Erst langsam wird deutlich, dass die wirtschaftliche Krise ein Symptom der globalen Umbrüche und Machtverschiebungen ist. Will Europa die Krise überwinden, muss es sich diesen Veränderungen stellen. Die politischen, gesellschaftlichen und wirtschaftlichen Dynamiken der nicht-westlichen Welt zeigen, wo neue Macht entsteht. Dort muss sich Europa einklinken.

Die afrikanischen Länder bieten derzeit die mit Abstand besten Chancen, das zu tun und sich neu zu vernetzen:

Auf diesem Kontinent werden aus einer Milliarde Menschen bald zwei Milliarden. Das Wachstum, die Dynamiken und die Veränderungen schaffen ganz neue Möglichkeiten und Potenziale. Und vor allem, in den afrikanischen Ländern treffen Menschen, Organisationen und Unternehmen der neuen aufstrebenden Mächte aufeinander und kreieren einen wesentlichen Teil der Zukunft unseres Globus.

Wie in Kapitel 2 dargelegt, ist der afrikanische Kontinent zu einem Schauplatz des im Entstehen begriffenen neuen globalen Machtgefüges geworden. Zu einem Experimentierfeld neuartiger Kooperationen, Interessensgemeinschaften, Plattformen und »Ökosysteme«, die die Zukunft des Planeten ganz wesentlich mitbestimmen werden. So sind die angolanisch-chinesischen Kooperationen bereits dabei, die Märkte für Rohstoffe zu verändern. Die kenianisch-indische Zusammenarbeit hat der Telekomindustrie ein neues Gesicht gegeben. Afrikanische Unternehmen haben bei mobilen Bankgeschäften bereits eine führende Rolle eingenommen.

Aber die Entwicklungen stehen noch am Anfang, wir sehen erst die Spitze des Eisbergs. Das im ersten Kapitel beschriebene *Silikon Savannah* in Kenia ist ein *Ökosystem*, in dem neue, ganz andere Innovationen schon längst gesät sind, deren Auswirkungen und Resultate wir aber erst in den nächsten Jahren erleben werden. So wie das kenianische Unternehmen *M-Pesa* gerade begonnen hat, seine mobilen Bankdienstleistungen auch in Rumänien anzubieten, und bald in direkter Konkurrenz zu den dort tätigen österreichischen, deutschen und französischen Banken stehen wird.

Die Zukunft Europas wird auch in Afrika entschieden, da Afrika eine Chance für eine neue *Außenorientierung* Europas darstellt. Nach *außen* zu agieren, heißt automatisch auch, sich nach innen neu zu ordnen und sich auf seine Grundwerte und Stärken zu besinnen. Eine Außenorientierung zügelt die aufkommenden nationalistischen Strömungen und hilft, den Weg frei zu machen für ein *nach-nationales* Europa.

Vernetzt und verschränkt sich Europa nicht mit den afrikanischen Organisationen und Unternehmen, wird Europa nirgends dabei sein und wird zurückfallen. Dann wird es wohl langfristig den so wichtigen europäischen Beitrag zu einer humanen und empathischen Weltgesellschaft nicht mehr geben und wir werden in einem weit autoritäreren Weltsystem leben, dessen Wahrscheinlichkeit, lange friedlich bestehen zu können, alleine des autoritären Charakters wegen nicht sehr groß sein wird.

Das unausweichliche Zusammenwachsen der Weltgesellschaft Hand in Hand mit dem enormen Aufholprozess der afrikanischen Länder ist für Europa eine Gelegenheit, durch sinnvolles Engagement in Afrika wieder eine gestaltende Rolle im Globalisierungsprozess zu bekommen.

Bevor ich im nächsten und letzten Kapitel über das *Wie* einer Gestaltung der Beziehungen zu den afrikanischen Ländern schreibe, möchte ich zunächst ein paar Dinge näher beleuchten, die helfen, sich vom alten realitätsfernen Afrikabild endgültig zu verabschieden. Zunächst: Es gibt mehr Gemeinsamkeiten mit Afrika, als wir denken.

Gemeinsamkeiten sehen – Das Afrika der Partner und Freunde

Kap Verde, 1985. Seit wenigen Monaten lebe ich in Pedra Badejo, einer Kleinstadt mit etwa 7000 Einwohnern. Noch gibt es hier fast keinen motorisierten Verkehr, nur vereinzelt verirren sich ein paar Autos aus der Hauptstadt auf den Marktplatz. Das Land erlebt gerade die ersten Monate des Probebetriebs des neuen Staatsfernsehens. Falls am Abend keine Panne mit dem Dieselgenerator der Gemeinde auftritt, werden sich an den Fenstern der drei oder vier kleinen Bars mit eigenem TV-Gerät wieder Trauben von Menschen bilden, die alle einen Blick auf das Neue erhaschen wollen.

Mein täglicher Fußmarsch von der Wohnung zum Büro führt mich auf dem Marktplatz an der »Bar Mica« vorbei, dem kleinen Lokal mit dem besten Blick auf das Marktgeschehen. Heute, spätvormittags, werfe ich wieder einen Blick hinein und sehe, wie immer, dieselben drei Gesichter. »Guten Tag! Wie geht's? Gut, danke! Sehr heiß heute, ja. Ja, ich gehe vom Büro nach Hause. Beim Kartenspielen? Bis später dann.« Und mir schießt es durch den Kopf: Das ist eigentlich genauso wie in meiner kleinen Heimatstadt in Österreich. Die immer gleichen Männer im immer gleichen Kaffeehaus beim immer gleichen Kartenspiel. Ich meine sogar, dass die drei hier den Kartenspielern in Österreich ähnlich sehen. Und überhaupt ist der Besitzer dieser bestgelegenen Bar und sind die meisten Besitzer der Geschäfte am Marktplatz, also der Geschäfte in bester Lage, genauso unfreundlich wie die Besitzer der Geschäfte am Hauptplatz meiner österreichischen Heimatstadt. Jeder Bürgermeister tut sich mit den Geschäftsbesitzern des Hauptplatzes schwer. Sie sind immer die härteste Front gegen jede Veränderung. In Österreich genauso wie hier in Pedra Badejo.

Nur einer der Geschäftsleute zeigt sich mir gegenüber immer freundlich und interessiert, er bespricht gerne die Geschehnisse im fernen Europa. Er wird später derjenige sein, der als Erster einen kleinen Supermarkt mit elektronischer Registrierkasse eröffnet. Und viel später dann als einziges Geschäft mit lokalem Besitzer übrig bleiben, neben den Filialen der Supermarktketten.

Auch in der Gemeindeverwaltung sehe ich die Ähnlichkeiten. Einzelne Gemeindebediensteten hier kann ich ganz bestimmten Gemeindebediensteten meiner Heimatstadt zuordnen. Hier wie dort sitzen sie bedächtig an ihren Schreibtischen. Und auch der hiesige Gemeindesekretär könnte der meiner Heimatstadt sein. Nie wird er dem Bürgermeister widersprechen, seine Antworten aber zeigen, dass ohne ihn gar nichts geht.

Jetzt bin ich tausende Kilometer weit gereist, in einen kleinen Inselstaat in der Sahelzone, lebe in einem abgeschiedenen Dorf, mit Menschen, die daheim in Österreich noch als »Eingeborene« bezeichnet werden, und stelle fest: Die Menschen hier sind nicht wirklich anders als bei uns zu Hause. Es gibt die gleichen Charaktere und ähnliche gruppendynamische Konstellationen eines Kleinstadtlebens. Die Positionen im Arbeitsleben und in der Gesellschaft prägen die Menschen, hier wie dort. Die Verhaltensweisen der Stadtpolitiker, der Geschäftsleute und Unternehmer, der Beamten oder der Barbesitzer entsprechen denen bei uns.

■

Interessanterweise sind unsere Beziehungen zu afrikanischen Menschen und Ländern vom Gegenteil geprägt. Zuallererst suchen wir die Unterschiede. Was dort in Nairobi oder Maputo nicht alles anders ist! »Der Taxifahrer am Flughafen hat uns reingelegt und überhaupt versuchen alle, uns reinzulegen, die Stadt ist verdreckt und jeder schmeißt seinen Müll einfach auf die Straße. Die Menschen können nicht arbeiten, sie sind alle so faul, das muss an ihrer Mentalität liegen. Sie haben kein technisches Verständnis, sie sind ungebildet, sie werden es nie zu etwas bringen.«

Natürlich ist es die Tendenz jeder Gruppe, sich durch Abgrenzung gegenüber anderen Gruppen zu definieren und damit die eigene Identität zu stärken. Die vielen *Expat Communities*, also die Deutschen, Österreicher oder andere Landsleute, die sich in afrikanischen Städten zu Gruppen zusammenfinden, sind dafür ein gutes Beispiel. In Luanda, Kampala oder Beira finden viele der Ausländer ihre gesellschaftliche Ansprache vor allem untereinander. Was ihnen wichtig ist, tun sie in diesen Gruppen. Sie tauschen sich dort über ihre Arbeit und das Leben in der Fremde aus. Und es scheint ganz natürlich zu sein, dass zunächst einmal die Unterschiede zum gewohnten Heimatland festgemacht werden.

Bei meinen Reisen in die Hauptstädte Afrikas habe ich immer wieder erlebt: Je geringer die Vernetzung dieser Gruppe mit lokal ansässigen Menschen, desto größer werden die Unterschiede wahrgenommen. Und desto weniger Gemeinsamkeiten werden gesehen.

Denn natürlich ist auch in Wien jede Taxifahrt vom Flughafen ins Hotel teurer als bei der Heimreise vom Hotel zurück zum Flughafen. Fehlende Information führt zu höheren Preisen, ein universell gültiges Prinzip. Saubere Straßen sind ein Ergebnis funktionierender Infrastrukturen. Auch universell gültig und damit eine Gemeinsamkeit. Dass vermeintliche »Faulheit« oder schlechte Bildung nichts mit Mentalitäten zu tun hat, sondern vielmehr mit den Rollen und Funktionen, die Menschen in ihrer Gesellschaft einnehmen, ist leider noch immer keine allgemein geteilte Erkenntnis.

Überall auf der Welt wird das Verhalten der Menschen zu einem großen Teil von den Arbeitsverhältnissen und Strukturen bestimmt. Autoritäres Mikro-Management eines Vorgesetzten bringt überall auf der Welt die gleichen verantwortungsscheuen Mitarbeiter hervor. Eigenständiges Arbeiten und die Übernahme von Verantwortung müssen überall auf der Welt gelernt werden und können nur schrittweise eingeübt werden.

Als junger Mensch dachte ich, das Leben und die Menschen in Afrika seien ganz anders, viel ursprünglicher, und ich habe die Unterschiede und Differenzen zu unserem Leben in Europa gesucht. Ich ging offen und empathisch auf die Menschen zu und musste bald einmal feststellen, dass es das große Anderssein eigentlich nicht gibt.

Das Positive an dieser Erkenntnis ist, dass es universell gültige Prinzipien und Funktionen menschlichen Zusammenlebens gibt. Eine friedvolle Weltgesellschaft, die dem Einzelnen genug Freiraum für Kreativität und Gestaltung seines Lebens und seiner gesellschaftlichen Beiträge bietet, ist deswegen keine vollkommen unrealistische Utopie.

Daraus folgt, dass Afrikanern nicht immer nur geholfen werden muss. Dass es *die* Katastrophe Afrikas nicht gibt. Wie bei uns erfassen Katastrophen immer nur bestimmte Menschen und Regionen. Und: Armut ist keine spezifische afrikanische Eigenschaft! Muss das wirklich alles gesagt werden?

Es ist ein großer blinder Fleck, den unser veraltetes Afrikabild hervorbringt, sodass es uns das *Afrika unserer Partner und Freunde* nicht sehen lässt. Besonders wenn die Menschen anders aussehen als wir. Aber alles ist relativ. Wenn ich mich nach einigen Tagen des Arbeitens als einziger Weißer unter lauter Afrikanern abends in den Spiegel schaue, stelle ich wegen der ungewohnten Blässe regelmäßig fest, wie sonderbar so ein Weißer doch aussieht.

Vernetzen und verschränken – Das Afrika der Netzwerke und Chancen

Sehen wir die großen Unterschiede zu den anderen, kapseln wir uns von diesen umso mehr ab und vergrößern dadurch die Wahrnehmung der vermeintlichen Unterschiede nochmals.

Dabei ist die Handlungsempfehlung für unsere Beziehungen zu den afrikanischen Ländern klar: Vernetzen und Verschränken.

Wirtschaftlich, kulturell, sozial. Raus aus der nationalstaatlichen Sicht, aus den Wohncamps für Ausländer, aus den Expat-Communities. Dann können wir die Gemeinsamkeiten erkennen, die Deutsche mit Ruandern verbindet, Schweizer mit Äthiopiern und Österreicher mit Kapverdianern. Aber das ist eigentlich für uns Europäer nichts Neues. Das *europäische Friedensprojekt* baut genau auf diesem Prinzip auf.

Die wirtschaftliche Verschränkung der verfeindeten Nationalstaaten Frankreich und Deutschland war die Grundidee und der Beginn des europäischen Friedensprojekts. Seit siebzig Jahren wird dieser Gedanke höchst erfolgreich umgesetzt.

Am Anfang standen die Idee, gemeinsame Werte, Verhandlungen, Willensübereinkommen und Verträge. Das war etwas Neues. Außenpolitik war bis dahin ein Feld der nationalen Interessen, der Diplomatie zur Durchsetzung dieser Interessen und von Kriegen als deren »Fortsetzung mit anderen Mitteln«. Geschichte, so hören wir noch immer, wird von Nationalstaaten und deren Kriegen und Eroberungen geschrieben.

Doch die europäische Integration der Nachkriegszeit hat längst ein neues Kapitel aufgeschlagen. Die Suche nach dem Gemeinsamen, bewusste Vernetzungen und Verschränkungen und die Überwindung nationaler Interessen stehen im Mittelpunkt. Die Nationalstaaten nehmen sich selbst zurück, zugunsten einer gemeinsamen europäischen Ebene. Es ist ein aufgeklärter, rationaler Akt, geschuldet den gemeinsamen Erfahrungen zweier schrecklicher Kriege, den humanistischen Werten und einem empathischen Bewusstsein – freilich, immer wieder auf eine harte Probe gestellt.

In den Mitgliedsländern der Europäischen Union kramen heute viele in der Mottenkiste des 19. Jahrhunderts und holen wieder das verstaubte nationale Interesse hervor. Deutsche Politiker und Experten sprechen vom hart erarbeiteten deutschen Geld, die griechischen von der zu verteidigenden griechischen Würde. Der Ruf nach den jeweiligen nationalen Interessen lässt immer mehr Menschen an der europäischen

Idee zweifeln oder macht sie überhaupt zu Gegnern einer Mitgliedschaft ihres Landes bei der Europäischen Union. Der Ruf »weg von Brüssel« wird immer populärer und Auswege aus der Krise werden wieder in nationalstaatlichen Lösungen gesucht. Zurück zur D-Mark, heißt es, zurück zum griechischen, spanischen oder italienischen Nationalstolz, zurück zu lokalen Wirtschaftskreisläufen oder zu *Made in Austria.*

Dabei werden die wirklich wichtigen Dinge längst transnational entschieden. Die Wertschöpfung der Realwirtschaft, die Innovationen der modernen Kommunikationstechnologien, das Wirtschaftswachstum, die Ökologie, der Kampf gegen Klimaveränderungen, der Umstieg auf erneuerbare Energieträger, die Finanzströme, die Wechselkurse. Genauso wie der Kampf gegen die neuen globalen militärischen Bedrohungen und der Ausbau des globalen Wissenssystems.

Ein Rückgriff auf nationalstaatliche Interessen erscheint aber besonders hoffnungslos, wenn wir uns die Veränderungen der Weltwirtschaft vor Augen führen. Je stärker internationalisiert wird, umso weniger nützen dem Einzelnen oder den Unternehmen die Beziehungen und Netzwerke im eigenen Land. In der weltweit vernetzten Wirtschaft orientieren sich die Interessen zunehmend an weltweit ausgerichteten Organisationen, Kooperationen und Unternehmen.

Zum Beispiel an globalen Plattformen. Diese Netzwerke bestimmen die Auftragsbeziehungen, ermöglichen Akquisitionen und Sourcing, definieren die technischen Standards und sind die Basis für den Austausch von Ideen und Wissen. *BMW*, *Mercedes* oder *Volkswagen* geben die Maßstäbe für globale Zuliefererindustrien und Vertriebsstrukturen vor. *Apple* und *Google* haben mit ihren Standards ganz neue Wirtschaftszweige geschaffen. Die *Harvard Business Review* ist mittlerweile nicht mehr nur ein Verlag, sondern eine Plattform für alles rund um *Management*, von Publikationen, Kommunikation, Veranstaltungen bis zur Datenspeicherung.

Diese Strukturen geben inzwischen Standards für Millionen von Unternehmen und Menschen vor – unabhängig von nationalen Grenzen und abseits jeglichen nationalen Interesses und auch nicht vereinbar mit einem solchen.

Die rasante Zunahme dieser Netzwerkökonomie und der Druck auf lokale und nationale Besitzstände hat in den letzten Jahren die *Krise* bei uns in Europa nochmals verschärft.

»Wir müssen Netzwerke ausbilden, die das enorme Tempo der Netzwerkökonomie mit den langsamen Zyklen der europäischen Geschichte verbinden. Sonst werden wir orientierungslos bleiben.« Dieser Satz stammt von Harald Katzmair, einem Experten der Netzwerkökonomie. Er hat ihn nicht auf Afrika bezogen. Ich nehme an, bei dem vorherrschenden Bild des *Afrikas der Katastrophen und des Kontinents für Entwicklungshilfe* wäre ihm das auch nicht in den Sinn gekommen.

Es ist der zweite große blinde Fleck, den unser veraltetes Afrikabild hervorbringt, dass es uns das *Afrika der Netzwerke und Chancen* nicht sehen lässt, dort, wo die Afrikaner mit den Indern, Brasilianern, Chinesen, Amerikanern und vielen anderen gerade einen wichtigen Teil unserer zukünftigen Welt kreieren.

Gerade in Afrika macht es Sinn, sich in die neue dynamische Netzwerkökonomie einzuklinken und sie dadurch »mit den langsamen Zyklen der europäischen Geschichte [zu] verbinden«, wie es der wunderbare Satz von Harald Katzmair nahelegt.

Antifragil — Das Afrika der Vitalität und Lebensfreude

Nochmals Pedra Badejo, Kap Verde, in den 1980er-Jahren. Joana ist eine robuste, ihre Lebensfreude immer laut vor sich hertragende und mir auf den ersten Blick sympathische Frau um die vierzig. Ihr Mann ist vor fünfzehn Jahren nach Portugal emigriert, um als Bauarbeiter den Unterhalt für die Familie zu verdienen. Anfangs hat er noch regelmäßig Geld geschickt und ist alle paar Jahre auf Besuch gekommen. Von ihm hat sie fünf Söhne, zwischen sieben und achtzehn Jahren.

Joana lebt in einem Steinhaus, auf der Vorderseite zwei Fenster und eine Tür, hinten ein winziger »Hof« mit Feuerstelle. Das Haus steht auf einer Anhöhe. Die meiste Zeit des Tages sitzt Joana davor, kocht oder repariert etwas und unterhält sich dabei lautstark mit den Nachbarinnen. Von ihrem Haus aus überblickt sie das Viertel und wenn sie mich kommen sieht, werde ich bereits aus der Ferne lautstark begrüßt.

Gerne setze ich mich zu ihr und genieße die kühle Brise. »Ich habe schon lange keine Geldscheine mehr in der Hand gehabt. Nur die Münzen, Wechselgeld. Mehr habe ich nicht. Was meine Kinder und ich heute essen werden? Das weiß ich noch nicht. Ich werde meine Runde zum Markt drehen, alle meine Bekannten treffen, wir werden uns die Neuigkeiten erzählen und ich werde mit irgendetwas Essbarem zurückkommen. Vielleicht mit einem Fisch. Oder zumindest mit etwas Gemüse. Neue Kleider? Schau mich an, brauche ich neue Kleider? Schau alle meine Nachbarinnen an. Du weißt, wir haben fast jeden Tag dasselbe an. Aber beim letzten Stadtfest hat mir mein Cousin aus der Hauptstadt ein neues Kleid für die Sonntagsmesse geschenkt. Warte, ich zeige es dir … «

Am Morgen nicht zu wissen, wie die Familie tagsüber mit Essen versorgt werden kann, ist für uns schockierend. Das ist wirkliche Armut. Wie macht das Joana, dass sie in so einer Situation immer gut aussieht und stets fröhlich ist? Dass sie und ihre Kinder offensichtlich zumeist doch genug zu essen haben?

Schauen wir Joanas Leben genauer an. Die Essensversorgung funktioniert über »gestreute Quellen der Zufälligkeiten«, also nicht planbaren Begegnungen im Stadtleben, und den Möglichkeiten, die sich daraus ergeben. *Doce de Coco,* die Süßigkeit aus Kokosnüssen, für ein bestimmtes Fest zu kochen und bei diesem Fest dabei sein. Von den gerade in die Stadt gebrachten Papayafrüchten etwas abzubekommen. Oder vom morgendlichen Fischfang. Im dichten und lautstarken Stadtleben, wo jeder jeden kennt und es permanent so viele »Fühlungskontakte« gibt, wie es durchschnittliche Deutsche oder Österreicher nie aushalten würden, tun sich immer nicht vorhersehbare neue Möglichkeiten auf.

Joana ist außerdem sehr schlau. Sie sieht von ihrem Haus aus, wenn ein Fischerboot besonders früh zurückkommt, und weiß, dass dann der Fang besonders gut war und sie sich besser beeilen sollte. Joana sieht das und handelt. Sofort.

Und mit ihrer Lebenshaltung und Fröhlichkeit ist Joana offen für plötzlich eintretende Glücksfälle. Sie kann sie nehmen, wie sie kommen. Der Besuch des reichen Onkels, der Hausbau eines zu Geld gekommenen Nachbarn oder, was damals passierte, das Anschwemmen eines kleinen führerlosen Frachtschiffs. Es wurde in kürzester Zeit auseinandergenommen und verwertet.

Joana und ihre Nachbarinnen haben gelernt, Probleme so zu meistern, dass sie diese nicht nur einfach überwinden, sondern daraus eine für sie verbesserte Situation schaffen. Sie sind *antifragil.*

Dieser Begriff wurde vom amerikanischen Professor für Risikobewältigung und früheren Händler von Finanzprodukten Nassim Taleb eingeführt. Er erklärt ihn anhand folgender Frage: Was ist das Gegenteil von zerbrechlich? Stabil oder robust natürlich. Das ist unsere übliche Antwort, aber stimmt das?

Kristallgläser sind fragil. Wenn kleine Kinder sie beim Spielen auf den Boden werfen, sind sie kaputt. Wenn sie Steine hinunterwerfen, zerbrechen diese nicht. Sie sind stabil. Aber, so Nassim Taleb, diese Eigenschaft der Steine ist nicht das Gegenteil der Eigenschaft der Kristallgläser. Die Kristallgläser verändern sich, gehen kaputt, die Steine aber bleiben im gleichen Zustand erhalten. Das Gegenteil von fragil wäre, wenn sich der Zustand der Steine verbessern würde.

Genauso wie die Frauen im Kap Verde der 1980er-Jahre stärker wurden, genau dann, wenn sie kein Geld in der Kasse hatten und die emigrierten Männer keines mehr schickten, und besondere Fähigkeiten entwickelten und durch soziale Aktivitäten ihre Situation verbesserten.

Das ist dann antifragil.

Eine Gesellschaft tut sich leichter, mit Schocks oder Krisen umzugehen, wenn die Menschen ihren Lebensunterhalt auf »gestreute Quellen der Zufälligkeit« bauen und nicht von einer Einkommensquelle, einem Arbeitgeber oder dem Staat, abhängig sind. Wenn »Heuristiken und praktische Tricks« das Handeln bestimmen und nicht theoretische Abhandlungen. Wenn die Flexibilität und Anpassungsfähigkeit der Menschen tatsächlich gelebt wird und diese nicht nur propagiert und studiert wird. Wenn Offenheit gegenüber neu aufkommenden Opportunitäten gegeben ist und nicht Starrheit und Verkrustung. Wenn Vitalität und Lebensfreude vorherrschen. Mit solchen und ähnlichen Eigenschaften gehen Gesellschaften aus Krisen gestärkt hervor.

Antifragilität ist ein Schlüsselbegriff, wenn wir versuchen, die Lebensfähigkeit von Gesellschaften zu verstehen. Von Joana, ihren Nachbarinnen und den Millionen anderen Afrikanern und Afrikanerinnen, die ihren tagtäglichen Lebenskampf in der Informalität bewältigen, kann auch unsere hochkomplexe Gesellschaft lernen. Denn wir suchen ja letztendlich nichts weniger als eine Antwort darauf, wie wir uns organisieren müssen, um trotz ständig zunehmender Komplexität einen Zusammenbruch des Systems zu vermeiden.

Der Finanzwirtschaft ist das im Jahr 2007 nicht gelungen. Sie wäre nach dem externen Schock der *Subprime*-Krise, also dem Zusammenbruch des amerikanischen Immobilienmarkts, implodiert, wären nicht die Regierungen mit Steuergeldern zu Hilfe gekommen. Und mit jeder neuen Bankenpleite oder Griechenlandkrise kommen wir der nächstgrößeren Finanzkrise näher. Das ist Fragilität.

Es ist der dritte große blinde Fleck, den unser veraltetes Bild des *Afrikas der Katastrophen und des Kontinents der Entwicklungshilfe* hervorbringt. Er verstellt uns den Blick auf das *Afrika der Vitalität und Lebensfreude*, ein Afrika, das sich nach Überwindung der postkolonialen Ära in unglaublich kurzer Zeit globalisiert hat und nun angedockt und eingeloggt ein immer wichtiger Teil der Weltgesellschaft wird. Es ist das Afrika, von dem wir einiges lernen können.

Werte und Nutzen –
Das Afrika der Realwirtschaft

»Reich zu werden!« – »Sich mehr leisten können als andere!« – »Gewinn zu erzielen!« – »Den Gewinn zu maximieren!« So lauten üblicherweise die Antworten, die ich zu hören bekomme, wenn ich bei meinen Managementseminaren in Mosambik oder Südafrika danach frage, was denn der Zweck eines Unternehmens sei. Eine Umfrage in Österreich oder Deutschland würde wahrscheinlich ganz ähnliche Resultate hervorbringen.

»Schön, dass Sie so ehrlich sind. Aber das ist doch eher der Ansporn für Sie persönlich, etwas zu tun. Was aber ist der gesellschaftliche Zweck des Unternehmens, für das Sie arbeiten?«

»Den Gewinn maximieren«, ist auch darauf die Standardantwort. Oder, von den Absolventen eines der vielen MBA-Kurse, die etwas ausgefeiltere Version davon, den Hinweis auf die Maximierung des Unternehmenswertes, also den *Shareholder Value*.

»Aber der gesellschaftliche Zweck eines Unternehmens kann nicht in sich selbst liegen, wie es bei der Gewinnmaximierung oder der Erhöhung des eigenen Wertes des Unternehmens der Fall ist. Der Zweck eines Unternehmens muss mit dem Umfeld des Unternehmens zu tun haben. Er muss nach außen gerichtet sein. Der Zweck von Unternehmen ist Werte für Kunden und andere Stakeholder zu schaffen!«, gebe ich zu bedenken.

■

Das ist ein typisches Thema in meinen Seminaren. Darin enthalten ist eine ganz grundsätzliche Klärung dessen, was wir unter »Wirtschaften« verstehen. In viel zu vielen Kreisen und Szenen, und damit meine ich jetzt auch und vor allem die europäischen NGO-Szenen rund um Afrika, werden Wirtschaft und Unternehmen als etwas Negatives verstanden, bestenfalls als ein notwendiges Übel gesehen. Diese Einstellung ist aber angesichts des wirtschaftlichen Aufstiegs in Afrika und der damit einhergehenden Armutsverminderung blauäugig und leugnet die Realitäten. Auch wenn sie ob der vielen Ungerechtigkeiten in den Aufbauwirtschaften und in der Finanzwirtschaft nachvollziehbar ist.

Auf die Bedeutung der Wirtschaft im Entwicklungsprozess wollte der verstorbene Ökonom C. K. Prahalad im Jahr 2002 mit seinem viel beachteten Artikel *Serving the World's Poor, Profitably* aufmerksam machen. Wenn Unternehmen den Nutzen sehen, den sie für die Armen der Welt hervorbringen können, dann werden sie innovativ werden und auch gut daran verdienen. Prahalad schuf den Begriff *BoP – Bottom of the Pyramid*, und meinte damit die vier Milliarden Menschen der Welt, die am unteren Ende der Einkommenspyramide stehen. Er zeigte, was viele nicht wussten, dass genau für diese Menschen die Güter des täglichen Bedarfs in der Regel teurer sind als für die Wohlhabenderen. Ein Kanister Wasser an der öffentlichen Wasserstelle kostet mehr als die gleiche Menge aus der Wasserleitung zu Hause bei den Wohlhabenderen. Das Brot bei der mobilen Kleinhändlerin, bei der die Armen einkaufen, kostet mehr als im Supermarkt.

Prahalad wies im akademischen Bereich als einer der Ersten auf die unglaublichen Marktchancen für Unternehmen in den armen Ländern hin. Die Geschichte gab ihm recht. Die multinationalen Nahrungsmittelerzeuger, Elektrizitätsversorger, Telefongesellschaften, Supermarktketten und viele andere Unternehmen haben sich auch in Afrika auf den *BoP-Markt* gestürzt und haben damit die Welt verändert.

Es kann kein getrenntes Nebeneinander von Privatwirtschaft und Entwicklungshilfe geben. Ohne Privatwirtschaft ist Entwicklung nicht möglich. Und wieder ist es unser veraltetes Bild des *Afrikas der Katastrophen und des Kontinents der Entwicklungshilfe*, das einen vierten blinden Fleck erzeugt und uns den Blick auf das *Afrika der Realwirtschaft* verstellt. Auf eine florierende Privatwirtschaft zum *Nutzen* der Menschen.

Nach diesen vier Blicken auf Afrika noch zu zwei Punkten, die unsere heutige Weltsicht ganz wesentlich bestimmen. Bevor wir uns dann endgültig von unserem alten Afrikabild verabschieden.

Wirtschaft kommt von Wirt

Es ist die Wirtschaft und es sind die heutigen globalen Wirtschaftsstrukturen, die in den letzten Jahrzehnten über eine Milliarde Menschen aus der Armut geholt haben und die das Zusammenleben der heute sieben und zukünftig neun Milliarden Menschen ermöglicht.

Dahinter stehen, ich habe es in Kapitel 2 ausführlich dargestellt, die stetig zunehmende weltweite Arbeitsteilung, der stetig zunehmende weltweite Handel und ein Wirtschaftssystem, das auf die Freiheit des Einzelnen und damit dezentralen Entscheidungen aufbaut. Nur so gelingt es, ein Unternehmertum zu ermöglichen, das Innovationen und Problemlösungen auf breiter Ebene hervorbringt.

Wolf Lotter meint in seinem Buch *Zivilkapitalismus. Wir können auch anders*, der Kapitalismus sei »die größte Gerechtigkeitskampagne in der Menschheitsgeschichte«. Erst er ermöglichte den Aufstieg der restlichen Welt. Lotter plädiert für einen Zivilkapitalismus, der ein »Unternehmen der Zusammenarbeit zum gegenseitigen Vorteil« ist. Eine sehr zutreffende Beschreibung für das, was in den aufstrebenden Ländern Afrikas gerade passiert.

Systemtheoretisch ist die Lage relativ klar. Das vernetzte globalisierte Wirtschaftssystem hat eine Struktur geschaffen, die auf dezentrale Entscheidungen und auf Selbstorganisation setzt und dafür einen gemeinsamen Rahmen vorgibt. Die Komplexität der Versorgung von Milliarden von Menschen wird durch eine Struktur vernetzter und eingebetteter selbstständig lebensfähiger Sub-Systeme bewältigt. Eine zentrale Steuerung des Gesamtsystems wäre nicht möglich.

Klar, aber sehr trocken.

Politisch betrachtet ist es genau umgekehrt. Verwirrend und emotional. Da sprechen wir vom Kapitalismus, und sobald wir diesen Begriff benutzen, tauchen all die ideologisch besetzten Assoziationen wie Ausbeutung, Gier, Spekulation, Verteilungskämpfe oder Kapitalrendite auf. Und jeder versteht unter Kapitalismus etwas anderes: Industriekapitalismus, Finanzkapitalismus, Marktkapitalismus, Managerkapitalismus, Staatskapitalismus, Konsumkapitalismus. Unsere Argumente sind zwar erregt und leidenschaftlich, aber auch ungenau und unklar.

Ich will damit nicht sagen, dass Systemtheoretiker und Manager technokratisch die Weltwirtschaft organisieren sollen. Keinesfalls! Denn wir müssen Entscheidungen über Dinge treffen, die uns wichtig und wertvoll sind. Und Politik heißt Argumente abwägen, um Entscheidungen ringen und Wertefragen in den Mittelpunkt zu stellen.

Aber wir sollten unser Verständnis von Wirtschaft neu klären.

Als »Wirtschaft« wird in Österreich und Süddeutschland das bezeichnet, was für Norddeutsche eine »Kneipe« ist. Ein Gasthaus oder ein Restaurant. Der Begriff kommt von *Wirt*, einem Gastgeber, der seine Gäste bewirtet, also auftischt und einschenkt. Daran sollten wir denken, wenn wir von Wirtschaft sprechen.

Auf den Wirtschaftsseiten der Zeitungen und überhaupt in der Öffentlichkeit wird uns ein Bild präsentiert, das Wirtschaft mit Reichtum, Gewinnen, Renditen, Wachstum, Börsen, Kursgewinn-Verhältnisse, Karrieren, dem großen Geld oder auch mit Schulden, Pleiten, Niedergängen und Bankrotten gleichsetzt. Und auch jeder Vorstandsvorsitzende eines DAX-Unternehmens startet seine Jahresbilanz-Pressekonferenz mit einem Verweis auf das EBIT, den Gewinn vor Zinsen und Steuern, und nicht mit dem, was sein Unternehmen eigentlich tut.

Wirtschaften neu verstehen heißt auch, sich von den Vorgaben moderner Kapitalmärkte zu befreien und zum ursprünglichen Sinn des Wortes zurückzukehren. Werte für Kunden, Mitarbeiter, Lieferanten, Communities und sonstige Beteiligte schaffen. Das steht am Anfang und muss der Zweck jedes Unternehmens sein. Gewinn zu erzielen ist dabei eine *Constraint*, eine Nebenbedingung, eine Einschränkung, die das Wirtschaftssystem sinnvollerweise vorgibt, um wirksam zu sein. Die Unternehmen sollen ihre Ressourcen sparsam einsetzen und das produzieren, was Kunden auch nachfragen.

Peter Drucker hat schon vor langer Zeit vorgeschlagen, die Zahlenwirtschaft eines Unternehmens anders zu betrachten. Statt Gewinne zu maximieren soll versucht werden, den Gewinn, der für ein Unternehmen notwendig ist, um am Markt zu überleben, zu minimieren.

Und interessanterweise erzielen genau die Unternehmen, die den Kundennutzen und nicht den eigenen Gewinn in den Mittelpunkt stellen, die größten Gewinne. Apple präsentiert zuallererst das neue iPhone und was es alles kann, Google die Google-Brille oder das selbst fahrende Auto. Der Siemens-Konzern aber und all die anderen DAX-notierten Unternehmen stellen den Gewinn und die Renditen in den Mittelpunkt der öffentlichen Aufmerksamkeit. Verkehrte Welt!

Die Weltgemeinschaft – ein sich selbst organisierendes soziales System

»Es freut uns und ich bedanke mich im Namen unserer Regierung, dass Sie diesen hohen Eurobetrag für ein Ausbildungsprojekt im Bereich der Wasserversorgung unseres Landes zur Verfügung stellen. Ich sehe auch, dass Sie eine Vereinbarung mit einer Abteilung unseres Ministeriums haben, dieses Projekt auszuarbeiten. Leider muss ich Ihnen aber mitteilen, dass dieses Vorhaben nicht in den Plänen der Regierung aufscheint und wir es daher nicht umsetzen können.« Der Generaldirektor der *Sektion Wasser* des Bautenministeriums in Mosambik ist ziemlich klar und direkt. Die ausländischen Experten sind sprachlos. Jetzt waren sie vom tausende Kilometer entfernten Europa angereist, hatten für diesen Auftrag ein umfangreiches Anbot erarbeitet und die Ausschreibung in Europa gewonnen, hatten die umfangreichen Unterlagen studiert, alle Details bis hin zum Finanzierungsvertrag vorbereitet, und jetzt sagt ihnen die wichtigste Person des im Zentrum des Vorhaben stehenden Projektpartners, dass er von diesem Vorhaben nichts weiß, dass es das eigentlich gar nicht gibt. Wie konnte das geschehen?

Natürlich, in Europa musste vom Geldgeber des Projekts immer ein korrektes öffentliches Vergabeverfahren organisiert werden. Das dauerte. Vorher gab es zumindest eine Expertenreise zur Vorbereitung der Ausschreibungsunterlagen. Und noch viel vorher wurde bei einer anderen Expertenreise die Projektidee geboren. Dabei wurde offenkundig mit Bediensteten des Ministeriums, die es inzwischen im Ministerium gar nicht mehr gibt, eine Vereinbarung unterzeichnet. Soviel die europäischen Experten wissen, hat auch die für die Ausschreibung verantwortliche Person beim Geldgeber in Europa einmal gewechselt. So etwas führt zu zusätzlichen Verzögerungen. Aber dass es jetzt das gesamte Projekt gleich gar nicht geben soll?

»Unsere Regierung hat mittlerweile ein neues Programm zum Ausbau der Wasserversorgung für unsere Bevölkerung beschlossen«, fährt der Generaldirektor fort. »Darin sind auch wichtige Ausbildungsmaßnahmen vorgesehen. Außerdem gibt es jetzt bereits eine neue Ausbildungsagentur. Und dafür ist zum Teil das Unterrichtsministerium zuständig. Das setzt auch die Qualitätsstandards. Und überhaupt wurde die Berufsausbildung inzwischen zu einem Schwerpunkt und dafür gibt's wieder ein eigenes Programm. Direkt beim Premierminister.«

Dieses Vorhaben ist also Makulatur. Das ist den angereisten ausländischen Projektmitarbeitern jetzt klar. »Los. Wir müssen trotzdem um unseren Auftrag kämpfen … «, raunen sie sich zu.

■

Eine der vielen Geschichten der staatlichen Entwicklungszusammenarbeit in afrikanischen Ländern. Die Zeiten sind längst vorbei, wo ein irgendwo auf der Welt ausgearbeitetes Projekt, einmal einem Ministerium in einem afrikanischen Land präsentiert, gleich umgesetzt werden kann.

Kleine Fehler haben große Auswirkungen. Eine Verzögerung, eine fehlende Rückfrage, das Ausscheiden einer Person, und schon laufen Planungen und Finanzierungen ins Leere. Was die Geschichte zeigt, auch unsere bürokratischen Institutionen tun sich schwer, mit Veränderungen ihres Umfelds umzugehen.

Das Umfeld ist auch in Afrika komplexer geworden. Die Anzahl der involvierten Personen und Institutionen ist rasant gestiegen, was die Anzahl der notwendigen Koordinierungen exponentiell vermehrt hat. In afrikanischen Ländern gilt, was heute überall gilt. Wir müssen einen Weg finden, bewusst und zielgerichtet mit Komplexität umzugehen. Darin liegt der Schlüssel für Erfolg. Für Regierungen, staatliche Organisationen, NGOs und Unternehmen.

Die System- und Komplexitätswissenschaften, die sich mit dem Umgang mit Komplexität beschäftigen, sind noch Flickwerk. Trotzdem können wir einiges daraus lernen. Zum Beispiel, die globale Gesellschaft als ein sich selbst organisierendes soziales System zu sehen. Indem es keine einzelne Machtzentrale gibt, Entscheidungen dezentral von vielen unterschiedlich starken staatlichen Regierungen, supra-nationalen Organisationen, zivilgesellschaftlichen Institutionen und privatwirtschaftlichen Unternehmen und Konzernen getroffen werden. Indem die Zukunft des Planeten durch das Zusammenspiel einer unübersehbar großen Zahl von Handlungen einzelner Menschen und Organisationen geschaffen wird.

Eine zentral organisierte, auf einem zentralen Entwicklungsplan beruhende Entwicklungszusammenarbeit mutet mit dieser Sichtweise antiquiert und geradezu grotesk an. Sie ist von vorneherein zum Scheitern verurteilt. Fachleute sagen, die Strukturen der Entwicklungszusammenarbeit sind zwar hochkompliziert (und sehr bürokratisch), aber »unterkomplex«. Sie sind einfach nicht vielfältig genug, um mit den Dynamiken und Veränderungen in den Partnerländern umgehen zu können.

Die Welt als sich »selbst organisierend« zu verstehen heißt auch, sich als Europa nicht mehr ganz so wichtig zu nehmen. Koloniale Herrschaften über ganze Teile Afrikas wird es nicht mehr geben. Aber die eigene Rolle innerhalb des Systems muss gefunden werden. Der Beitrag, den Europa leisten kann, um eine »bessere Welt« zu schaffen.

Und dieser Beitrag wird letztlich auch darüber entscheiden, welchen Platz Europa in der Welt zukünftig einnehmen wird.

Bye, bye Afrika

Europa wird genau dann wieder stolz auf Afrika blicken können, wenn es seine eigenen gesellschaftlichen Grundlagen an die neue Welt angepasst haben wird. Wenn die europäischen demokratischen, wirtschaftlichen und gesellschaftlichen Institutionen fit für das sich selbst organisierende soziale System sind, das wir Weltgemeinschaft nennen. Dann wird uns der neue Blick auf Afrika gelingen.

Dann tun wir uns leicht, uns vom alten Afrika zu verabschieden, von dem Afrika, das wir automatisch mit Katastrophen, Misere und Entwicklungshilfe verbinden.

Und natürlich besteht zwischen der eigenen Weiterentwicklung und unserem Blick auf Afrika eine Wechselwirkung. Denn erst wenn wir das *Afrika der Partner und Freunde*, das *Afrika der Netzwerke und Chancen*, das *Afrika der Vitalität und Lebensfreude* und das *Afrika der Realwirtschaft* sehen, sehen wir auch klar die Notwendigkeit, unsere eigenen Institutionen weiterzuentwickeln. Dann sehen wir die neuartigen Möglichkeiten, die sich aus der plötzlichen Vielfalt ergeben. Dass es sich lohnt, bei der vernetzten und immer enger zusammenwachsenden Weltgesellschaft mitzutun. Und dass wir besser Europa so aufstellen sollten, dass es in einigen Dingen wieder Vorbild für die Welt sein kann.

Und wir werden die afrikanischen Länder als wichtigen Teil der globalen Gesellschaft wahrnehmen, die bald einmal neun Milliarden Menschen beherbergen wird und deren Rahmenbedingungen wir mitgestalten wollen.

Am besten, wir sprechen möglichst wenig von *Afrika* als Ganzem, sondern von den einzelnen afrikanischen Ländern oder Regionen. Von Kenia mit seinem vibrierenden Telekomsektor, von Äthiopien mit seiner neuen Mittelschicht und stolzen Traditionen, von Mosambik mit seinen Intellektuellen, aber auch seinen Neureichen, von Angola und seinen Oligarchen, vom kleinen Kap Verde, dessen Musik fast ganz Afrika erobert hat, vom riesigen Nigeria mit seiner dynamischen Filmindustrie und der 20-Millionen-Stadt Lagos, dem es gelingt das Leben seiner Bewohner immer besser zu organisieren, aber auch mit seiner Unfähigkeit, mit der Terroristengruppe *Boko Haram* umzugehen.

Wie aber können wir das konkret umsetzen?

7 · Heal the World

Benefizkonzerte, Spendenaktionen, Brunnen bohren? Das ist nicht das, was die aufstrebenden afrikanischen Länder von Europa erwarten. Und es entspricht nicht dem in den vorigen Kapiteln skizzierten Bild vom realen Afrika.

Meine ersten Vorträge über Afrika im Zuge des Schreibens dieses Buches hatten den Titel *Warum Europa beim Boom in Afrika nicht dabei sein wird.* Beim ersten Mal war ich erstaunt, wie sehr ich manche Zuhörer damit vor den Kopf gestoßen hatte. Für viele war es wirklich neu, zu erfahren, dass es doch eine erkleckliche Anzahl afrikanischer Länder gibt, die ihre politische Situation im Griff haben und die wirtschaftlich boomen. Auf eine Frage gegen Ende der Veranstaltung war ich aber nicht ausreichend vorbereitet. »Wenn das jetzt wirklich alles so anders in Afrika ist, so gut läuft, was soll ich denn dann mit meinen Spendengeldern tun?«

Dass es natürlich auch sinnvolle Hilfsprojekte gibt, dass die unmittelbare Katastrophenhilfe jedenfalls zu unterstützen ist, dass bei Entwicklungshilfe auf Nachhaltigkeit geschaut werden sollte und dass diese Nachhaltigkeit aber vor allem bei unternehmerischen, also eher privatwirtschaftlichen Projekten gegeben ist, mit allem Risiko des Scheiterns, diese Antwort war zu kompliziert, zu sperrig und zu wenig konkret.

Dabei liegt genau in der Beantwortung dieser Frage ein Schlüssel für einige der zentralen Probleme Europas. Und was für den Einzelnen gilt, der Geld für Afrika spenden will, gilt auch für die aus Steuergeldern finanzierte Entwicklungszusammenarbeit. Deswegen tut Europa gut daran …

... die Beziehungen zu afrikanischen Ländern offensiv zu gestalten

Vorweg gesagt: wichtig ist, zu erkennen, wie wenig relevant der Unterschied zwischen Privatwirtschaft und Non-Profit-Sektor ist. Es ist egal, ob ein Vorgehen über Unternehmen oder über nicht-gewinnorientierte NGOs erfolgt. Entscheidend sind der gelebte *Zweck* der jeweiligen Organisation und der Nutzen und die Werte, die für Dritte geschaffen werden. Es macht keinen Unterschied, ob erwirtschaftete Deckungsbeiträge bei Unternehmen als Gewinn oder bei NGOs als Gehälter ausbezahlt werden.

Wenn es darum geht, einer Zielgruppe zu nutzen, sind »Spendengelder« immer auch »Investitionsgelder«. Genauso, wie es bei privatwirtschaftlichen Investitionsgeldern letztendlich auch um den angestrebten *Nutzen* bei den Kunden geht. Der einzige Unterschied ist, dass der Einzelne bei privatwirtschaftlichen Projekten die Erwartung hat, sein Geld wieder zurückzubekommen und vielleicht sogar eine Rendite zu erzielen. Aber solange diese Rendite nicht wichtiger als der Kundennutzen ist, ist dieser Unterschied eher ein Argument für als gegen ein privatwirtschaftliches Vorgehen. Denn der Druck, das eingesetzte Geld wieder verdienen zu müssen, erzeugt einen Druck auf mehr Effizienz und Effektivität und damit auf bessere Leistungen für die Zielgruppe.

Wie soll Europa in einer Welt der globalen Machtverschiebung, der zunehmenden Vernetzungen und gegenseitigen Abhängigkeiten, der technologischen Umbrüche, der demografischen Veränderungen und der neuen Energiequellen seine Beziehungen zu den afrikanischen Ländern also gestalten?

Ich schlage vor, dass wir uns an fünf *Prinzipien* ausrichten sollen, die sich mit **Werte, Begeisterung, Augenhöhe, Iteration** und **Wertschätzung** beschreiben lassen.

Prinzipien können die Welt verändern. Sind sie gut durchdacht und gelingt es, eine kritische Masse von Personen dazu zu bringen, ihnen zu folgen, lösen sie nachhaltige Verhaltensänderungen aus. Solche Prinzipien sind auch auf jeder Ebene anwendbar, auf der politischen wie auf der Projektebene.

Die von mir angeführten Prinzipien bauen auf die Erfahrungen in der Welt *agiler Organisationen*. Das sind Organisationen, wie zum Beispiel die heute erfolgreichen Internet-Unternehmen, die massiven Umbrüchen und Veränderungen ihres Umfelds ausgesetzt sind und trotzdem dynamisch wachsen. Es gibt zunehmend Literatur dazu, stellvertretend sei hier Stephen Denning genannt, ein amerikanischer Managementdenker, der mit breitem Organisations- und Theoriewissen in unermüdlicher Kleinarbeit die Dinge aufbereitet.

Im Folgenden werde ich bei jedem der Prinzipien neben allgemeinen Überlegungen immer auch auf die Ebene des einzelnen Projektes eingehen und die Ausgangsfrage, was wir »mit unseren Spendengeldern« tun sollen, beantworten. Im Anhang finden Sie zusätzliche eine Checkliste zu den fünf Prinzipien, gedacht als Hilfestellung für alle, die mit Projekten in Afrika zu tun haben, für Unternehmer, Mitarbeiter, Engagierte, Investoren oder auch Spender.

Werte, die Europa wachsen lassen

Das erste Prinzip lautet, *orientiere die Zusammenarbeit an Werten, die diese Zusammenarbeit wachsen lassen.* »Nicht, wie Europa ist, ist das Problem, sondern, wie es sich sieht«, schreibt Bernd Ulrich in der *Die Zeit* (Februar 2015). »Keiner der drei anderen Weltmächte fällt es so schwer, sich selbst richtig zu beschreiben, geschweige denn nach außen zu verkaufen, wie der [Europäischen Union].«

Unsere Krise ist auch eine Überzeugungskrise, denn wir wissen nicht, was wir wollen.

Das oben genannte Prinzip ruft zur Auseinandersetzung mit unseren Werten auf. Mit den Dingen, an die wir wirklich glauben, die uns beim Gelingen stolz machen und *Sinn* geben. Und den Dingen, an die unsere Partner glauben. Denn nur wenn alle Beteiligten einer Zusammenarbeit die gleichen Werte verfolgen, wird diese Zusammenarbeit wachsen. Dies gilt für die Gestaltung der politischen Beziehungen wie auch für die Gestaltung jedes einzelnen Vorhabens.

Ein erster Schritt wäre, den Sieg des Westens und der westlichen Werte, die vor allem europäische Werte sind, zu feiern. Das hat der im zweiten Kapitel erwähnte asiatische Intellektuelle Kishore Mahbubani vor wenigen Jahren vorgeschlagen. Es waren das europäische humanistische Menschenbild und die freie Marktwirtschaft, die die Grundlagen für die Globalisierung schufen und diese ermöglichten. Sie haben die Basis für den Aufstieg der restlichen Welt geschaffen, holen immer mehr Menschen aus der Armut und werden das Zusammenleben von zukünftig neun Milliarden Menschen auf der Erde ermöglichen. Halten wir das als Errungenschaft fest, zu der Europa ganz wesentlich beigetragen hat.

Humanistisches Denken, Rationalität, Säkularität, also die Trennung von Staat und Religion, Rechtsstaatlichkeit, Demokratie und Menschenrechte. Diese Werte machen die Europäische Union zu einer *sanften Weltmacht*. Sie sind die Grundlage für Frieden und eine empathische Weltgesellschaft. Vor allem die Menschen der rasant wachsenden Mittelschicht in den afrikanischen Ländern sind hier unsere natürlichen Verbündeten. Sie leben wie wir diese Werte und haben gleichgerichtete Interessen, gesellschaftliche, politische, wirtschaftliche und auch sicherheitspolitische. Eine sanfte Weltmacht Europa kann der Welt ein menschlicheres

Antlitz geben. Darauf können wir stolz sein. Und dieser Stolz wäre wichtiger Teil der europäischen Identität. Wer sonst, wenn nicht Europa, soll diesen Beitrag leisten?

Was bedeutet das auf der individuellen Ebene? Für mich als engagierten Bürger, Mitarbeiter, Unternehmer oder Investor? Gemeinsame Werte sind eine Voraussetzung, Zweck und Sinn in den Ergebnissen eines Projekts zu sehen. Sehen die Mitarbeiter Zweck und Sinn, brauchen sie nicht mehr motiviert zu werden. Das Projekt beginnt ganz von selbst zu wachsen.

Gemeinsame Werte und Überzeugungen schaffen den Rahmen für erfolgreiche Zusammenarbeit. Klarheit über Werte erspart Detailregeln und Mikromanagement. Gemeinsame Werte entkrampfen und erleichtern auch die Kommunikation zwischen europäischen und afrikanischen Projektpartnern. Sie überbrücken kulturelle Unterschiede und verhindern Missverständnisse.

Fußball ist ein schönes Beispiel. Warum können viele Mosambikaner, Kapverdianer, Südafrikaner oder Ghanaer so engagiert und unendlich lang mit Deutschen über Fußball diskutieren? Weil die dahinterstehenden Werte und Regeln in gleicher Weise verstanden werden. Beide Seiten wissen, was ein schönes Kopfballtor ist, was ein Lattenpendler für die zurückliegende Mannschaft bedeutet oder auch wohin ein gemeines Foul am besten Spieler der eigenen Mannschaft führen kann. Nicht umsonst ist Fußball, diese unwichtigste Sache der Welt, das wichtigste Medium zur Verständigung zwischen Kulturen.

Die vielen Projekte einer Fußballschule in afrikanischen Ländern haben beste Chancen, erfolgreich zu sein. Auch weil gemeinsame Werte und ein klarer Rahmen ein gegenseitiges Verstehen ermöglichen. Dort, wo unsere Werte und Überzeugungen auf den tatsächlichen Bedarf der Partner treffen, erfahren wir Sinn. Die engagierten jugendlichen Jungen und Mädchen in der Fußballschule, ihr fast unstillbarer Bedarf nach Bewegung, die neuesten Tricks, der Wunsch, die Großen kopieren zu wollen – am Ende des Tages erzeugt dies Befriedigung und Sinn.

Nicht anders bei der vergleichsweise trockenen Sache einer Kartoffelerntemaschine. So mühsam die Akquisition und der Aufbau einer Vertriebsstruktur auch sein mögen, wenn wir sehen, dass wir damit einen wesentlichen Beitrag zu verbesserten Lebensbedingungen bestimmter Bauern leisten oder zur Ernährungssituation in einer bestimmten Region, macht das Sinn. Und wenn wir sehen, dass unsere Maschinen auch aus Sicht der Nutzer vor Ort ganz besonders gut funktionieren und besser als die der Konkurrenz sind, erfüllt uns das mit Stolz und Selbstrespekt.

Was immer Ihr Vorhaben ist, eine kommerzielle Investition, Spenden für ein Hilfsprojekt oder eine Mitarbeit an einem solchen, oder selbst eine Investition in eine Finanzanlage, stellen Sie sicher, dass Ihr Engagement Ihre Werte und die Ihrer Partner trifft und dass dieses erste Prinzip im Mittelpunkt der Gestaltung des Vorhabens steht.

Begeistere die Partner

Das zweite Prinzip besagt: *Will Europa seine Partner in Afrika begeistern, muss es sich interessant machen.* Interessanter als China derzeit ist, das eine unglaubliche wirtschaftliche Entwicklung zustande gebracht und Millionen von Menschen aus der Armut geholt hat.

Ein Europa, das sich selbst kennt, hat der Welt Bedeutendes zu bieten. Ein solches Europa weiß über seine Stärken Bescheid. Es ist das europäische Friedensmodell und es ist das europäische Modell der mittelständischen Wirtschaft, das Europa den afrikanischen Ländern zu bieten hat.

Ein Europa, das sich auf seinen einzigartigen Integrationsprozess bezieht, kann für die neue Mittelschicht Afrikas hochattraktiv sein. Und es könnte die Avantgarde für ein neues globales politisches Modell entstehen. Ein Modell, das auf friedliche Zusammenschlüsse und Integration baut, auf dem Gemeinsamen, der Vielfalt und dem humanistischen Weltbild.

Die Idee der wirtschaftlichen Verschränkung verfeindeter Nationalstaaten zieht an. Sie ist ein Modell für das Zusammenleben der Menschen in komplexen Verhältnissen. Sie ist eine Blaupause, die die politischen, wirtschaftlichen und kulturellen Strukturen fit für die vernetzte globalisiert Welt macht, für das Zusammenwachsen der Weltgesellschaft.

Auch wenn zum Zeitpunkt des Schreibens dieser Zeilen die Herausforderungen Europas enorm sind. Griechenland, die Schuldenkrise, die allgemeine Wachstumsschwäche, rechtsnationale und linksradikale Parteien, die an die Macht kommen, die Ukraine-Krise mit einem expansionistischen Russland an der Außengrenze.

Trotzdem, treten wir einen Schritt zurück. Vernetzen und verschränken, das ist eine europäische Leistung. Die Europäische Union ist der weltweit erste Entwurf für eine Organisation und eine Führungsstruktur der Weltgesellschaft, die mit ihrem Subsidiaritätsprinzip der Komplexität der Verhältnisse gerecht werden kann. Das Modell der europäischen Integration ist ein Modell für die *Global Governance*, von der so viele sprechen. Es ist die erste und wichtigste Sache, die Europa der Welt geben kann.

Nicht zu vergessen dabei: Die Europäische Union diente als Vorbild für die Konstituierung der Afrikanischen Union – vor der Krise, als Europa noch Vorbild in der Welt war.

Eine zweite ganz andere Sache, mit der Europa die Welt begeistern kann, ist das europäische Modell der mittelständischen Wirtschaft.

Auch wenn das europäische Wirtschaftsmodell insgesamt derzeit »eingeklemmt [ist] zwischen dem amerikanischen Modell, das innovativ ist, und dem asiatischen Modell, das effizient ist«, wie der Leiter des österreichischen Wirtschaftsforschungsinstituts, Karl Aiginger, meint. So gibt es dennoch einen bestimmten Teil der Wirtschaft, der sehr wohl Modell für die Welt sein kann. Und der findet sich im deutschen Sprachraum in der mittelständischen Wirtschaft bei den im dritten Kapitel beschriebenen Hidden Champions. Diese etwa 1300 hochspezialisierten Unternehmen agieren höchst erfolgreich am globalen Markt und repräsentieren mittlerweile knapp ein Viertel der deutschen Wirtschaftsleistung.

Auch wenn sich die Erfolge dieser Unternehmen sehr unterschiedlich begründen, insgesamt steht hinter den Hidden Champions das in Kapitel 6 beschriebene Verständnis von Wirtschaft, das den Zweck des Wirtschaftens zuallererst im Schaffen von Werten für Kunden und Stakeholder sieht. Dieses Modell der mittelständischen Wirtschaft ist eines des deutschsprachigen Raums. Wollen wir damit die Welt verändern, sollten wir zugleich versuchen, es auf die europäische Ebene zu heben. Europa soll sich dabei weder im Dickicht nationalstaatlicher Interessen verlieren noch im Klein-Klein unternehmerischen Konkurrenzdenkens. Eine florierende griechische und portugiesische Wirtschaft ist auch für die deutsche Wirtschaft notwendig und wichtig.

Ich meine, Europa kann seine Partner in der Welt begeistern. Das europäische Friedensmodell und das europäische Modell der mittelständischen Wirtschaft sind zwei Beispiele mit allen Ingredienzien dafür.

Was bedeutet das nun für die individuelle Ebene, das konkrete Projekt, in das jemand investieren will, für das er oder sie spenden oder mitarbeiten will?

Ein Vorhaben begeistert die Zielgruppe oder die Kunden, wenn diese im Zentrum der Aufmerksamkeit stehen. Über zwei Dinge sollte Klarheit bestehen. Was ist der wirkliche Bedarf der Zielgruppe? Und was ist es, was das Projekt besonders gut kann? Die Beantwortung der ersten Frage erscheint einfach, in der Praxis aber ist eine befriedigende Antwort oftmals schwierig zu finden. Professionell gemacht, muss an drei Dingen gleichzeitig gearbeitet werden: Der Suche nach dem größten Engpass der Zielgruppe, der Festlegung, wer genau denn die Zielgruppe ist, und der Suche nach dem größten potenziellen Nutzen, der geschaffen werden kann.

Bei der zweiten Frage geht es um die eigentlichen Stärken der Organisation bzw. des konkreten Vorhabens. Wie sehen wir uns im Vergleich zu anderen Vorhaben und möglichen Konkurrenzprojekten? Was ist das genaue Leistungsprofil? Wie können die eigenen Stärken weiter ausgebaut werden? Dort, wo die Stärken und das Können des Projekts auf den Bedarf der Kunden und Zielgruppe trifft, genau dort wird echter Nutzen geschaffen. Und damit die Basis für langfristigen Erfolg.

Auf Augenhöhe

Das dritte vorgeschlagene Prinzip, *auf Augenhöhe mit unseren Partnern kommunizieren*, ist der Kern dieses Buches und wird Sie als Leser an dieser Stelle nicht überraschen.

So wie der knapp dreiundzwanzigjährige Weiße, der sich unverhofft für drei Tage in Dakar wiederfand, der pulsierenden Hauptstadt Senegals, nachdem er einen Anschlussflug versäumt hatte. Zum ersten Mal in Afrika, zum ersten Mal alleine unter Schwarzen. Sehr offene und nette Menschen. Aber wie arm sie doch waren, die ganze Kolonialgeschichte, Sklaverei, Verschleppung, Unterdrückung, Ausbeutung der Rohstoffe.

Gerne ließ er sich auf eine Stadtführung einladen. Gegen ein kleines Trinkgeld. Hier will man nicht knausrig sein. Beeindruckend das bunte Treiben, die Vitalität und Schönheit der Menschen. Viel später stellte er fest, dass er für die Führung mehr als zwei durchschnittliche lokale Monatsgehälter bezahlt hatte. Und als sein Führer am Abend im Hotel des jungen Mannes wieder vorbeischaut, um das restliche Entgelt abzuholen, das offensichtlich auf ein adäquates Trinkgeld noch gefehlt hatte, bezahlte er fast widerspruchslos, wurde aber erstmals skeptisch.

Auf Augenhöhe? Kann es das zwischen Afrikanern und Europäern geben? Die Mahnmale der Sklaverei und der jahrhundertelangen Eroberungs- und Kolonialgeschichte stehen im Raum.

Wir müssen unterscheiden zwischen dem eigenen Tun und den Beziehungen zwischen Europa und den afrikanischen Ländern.

Wenn der junge Europäer auf den jungen Senegalesen trifft, kann die Last der Geschichte nicht individuell geschultert werden.

Es bräuchte ja objektive Kriterien, um eine solche geschichtliche Schuld festzumachen. Aber wie sollten solche aussehen? Die Nachfahren der Franzosen zahlen für die Stadtführung eines Senegalesen 200 Prozent über dem Normalpreis, die deutschen 50 Prozent, die britischen 100 Prozent? Und die österreichischen Nachfahren zahlen keinen Aufschlag? Das kann niemals funktionieren und es wären damit Tür und Tor für jede Art von Missbrauch und für unaufrichtiges und unredliches Verhalten geöffnet. Jede Beziehung zwischen zwei Menschen, die sich auf solch einen Handel einlässt, ist von vorneherein zum Scheitern verurteilt.

Auf der kollektiven Ebene aber lastet der Schatten der Vergangenheit. Eine Befreiung von diesem Schatten in den Beziehungen mit den afrikanischen Ländern muss für Europa ein laufendes und fortwährendes Anliegen sein. Hier geht es auch, wie in Kapitel 5 geschrieben, um die Aufarbeitung auf europäischer Ebene. Nur dann kommen wir dem Ideal einer Beziehung auf Augenhöhe näher.

Der Kontext der Kolonialgeschichte ist nicht aus der Welt zu schaffen. Wie es mir einmal eine Afrikanerin erklärte: »Du als Weißer hast hier nur zwei Möglichkeiten: Entweder du zahlst gleich viel wie die Einheimischen und bist der größte Geizhals im Ort. Oder du bist in aller Augen der größte Dummkopf, da du immer viel zu viel bezahlst und Sachen verschenkst. Dazwischen gibt es für dich keinen Platz.«

Der Unterschied zwischen Afrikanern und Europäern wird heute aber immer mehr von einem Unterschied zwischen Arm und Reich überlagert. Kann es Augenhöhe zwischen einem Subsistenzbauer im Senegal und einer deutschen Entwicklungshelferin geben? Oder, in die andere Richtung, zwischen dem Jobsuchenden soeben nach Afrika eingewanderten jungen portugiesische Bauingenieur und dem neureichen mosambikanischen Bauunternehmer? Oder, etwas drastischer, zwischen Frau Isabel dos Santos, Tochter des angolanischen Langzeitpräsidenten und Immobilien-Tycoons in Portugal, und einem Immobilienverkäufer in Lissabon? Eine Beziehung auf Augenhöhe ist immer auch eine Frage der bestehenden Machtverhältnisse.

Privatwirtschaftliche Verhältnisse können sich im Zeitablauf verändern und umdrehen. Beziehungen im Rahmen der Entwicklungshilfe tun das nicht. Das in Kapitel 4 beschriebene Dreiecksverhältnis zwischen Geldgeber, Ausführungsorganisation und Zielgruppe ist grundsätzlich ein hierarchisches. Zuoberst ist immer der Geldgeber, dann die Ausführungsorganisation und erst dann die Zielgruppe, der Subsistenzbauer, Dorfbewohner oder auch die jeweilige afrikanische Regierung. Damit sind die Beziehungen innerhalb von Hilfsprojekten von privatwirtschaftlichen weiter entfernt als von kolonialen, in deren konsequenter Fortsetzung sie ja auch von vielen Afrikanern gesehen werden.

Auf Augenhöhe mit Afrikanern zusammenarbeiten, gestehen wir es uns ein, ist, zumindest am Beginn einer Beziehung, nicht leicht. Die Kolonialgeschichte und die Entwicklungshilfe stehen dazwischen. Meine Erlebnisse in Dakar liegen jetzt dreißig Jahre und viele spannende Beziehungen mit Afrikanern und Afrikanerinnen in zehn verschiedenen Ländern zurück.

Was aber bedeutet Augenhöhe für den Einzelnen? Schauen Sie sich immer die Kommunikationsstrukturen des konkreten Vorhabens an. Wer spricht mit wem, wer muss wem berichten. Und schauen Sie über die Grenzen der Organisation hinaus. Vor allem auf die Schnittstellen mit dem Umfeld der Organisation. Mit den Kunden (eine interessant Frage bei jedem Hilfsprojekt: Wer ist eigentlich unser Kunde?), mit den Lieferanten, den Nachbarn, der Gemeinde, den lokalen politischen Entscheidungsträgern, den Vertretern anderer Organisationen.

Dann, gibt es ein Verstehen zwischen den Beteiligten? Haben sich die Menschen etwas zu sagen und hören sie einander zu? Wird das, was gedacht wird, auch gesagt, auf der anderen Seite dann gehört, verstanden und etwas verändert? In Kapitel 3 habe ich auf die Schwierigkeiten im interkulturellen Kontext hingewiesen.

Eine Kommunikation auf Augenhöhe herzustellen, ist auch innerhalb Europas das Gebot moderner Zeit. Wie sonst können Kreativität und Potenziale der Mitarbeiter und anderer Beteiligter genutzt werden. Um aber wirklich gelungene Kommunikation zu erreichen, lohnt es sich, speziell bei einer Arbeit über die Kulturgrenzen hinweg, daran zu denken, was der österreichisch-amerikanische Kommunikationswissenschaftler Paul Watzlawik gesagt hat: »Was immer Sie tun oder auch nicht tun, Sie können nicht *nicht* kommunizieren. Der Inhalt einer Kommunikation entsteht immer beim Empfänger. Und jede Kommunikation hat neben der *Sachebene* auch eine – zumeist viel bedeutendere – Beziehungsebene.«

Iterationen und Feedback

Gehe schrittweise vor und vermeide den großen Plan, ist das vierte vorgeschlagene Prinzip. Was bedeutet das für unsere Beziehungen zu den afrikanischen Menschen und Ländern?

Genauso wie es in der Entwicklungshilfe niemals gelang, einen der vielen ganz großen Entwicklungspläne umzusetzen, würde es uns auch nicht gelingen, unsere Beziehungen mit den afrikanischen Ländern von heute auf morgen auf ganz neue Beine zu stellen. Wir können immer nur iterativ, also in kleinen Schritten, vorgehen.

Das bedeutet, wir müssen Feedbackschleifen einbauen. Feedbacks sind die Rückmeldungen und Meinungen unserer Partner über unser eigenes Verhalten. Feedbackschleifen sind regelmäßig wiederkehrende Rückmeldungen, die von uns nach einem ganz bestimmten Prozedere verarbeitet werden. Aus Feedback lernen ist das Geheimnis erfolgreicher Unternehmen und guter Politik.

Die in Kapitel 4 beschriebene staatliche Entwicklungshilfe tut genau das nicht. Sie hat zwar eine komplizierte Maschinerie von Evaluierungen und Planungszyklen aufgebaut, aber alles findet innerhalb des Systems statt. Viele Regierungen der Empfängerländer sind längst aus der Kommunikation ausgestiegen und tun lediglich das Notwendigste, um die Geldströme nicht zu gefährden. Und die Geldgeber wissen immer weniger, was die andere Seite wirklich denkt.

Ehrliches Feedback ist der erste Schritt für jede Veränderung. Daraus zu lernen, der zweite. In Kapitel 6 haben ich von den Umbrüchen geschrieben, denen sich unsere Gesellschaften gegenübersehen, der großen Transformation, in der wir leben. Das Zusammenspiel von Globalisierung, technologischen Umbrüchen, demografischen Veränderungen und neuen Energiequellen birgt unendlich viele Möglichkeiten zukünftig möglicher Zustände in sich. Wollen wir damit umgehen, können wir uns diesen nur iterativ annähern. Genau dafür brauchen wir in Europa die Orientierung nach außen. In der Auseinandersetzung mit dem Neuen und anderen lernen wir am meisten.

Hier braucht Europa Afrika. In den afrikanischen Ländern wird Neuartiges geschaffen. Das Aufeinandertreffen neuer Technologien und traditioneller Sozialstrukturen ist einzigartig. Das *Afrika der Vitalität und Lebensfreude* hat mit der Mobiltelefontechnologie Innovationen im mobilen Bankwesen geschaffen, auf die Europa nie gekommen wäre. Was wird in diesem Afrika aus den *Peer-to-peer*-Plattformen des Internets entstehen? Wird es zu eigenständigen Entwicklungen bei den sozialen Netzwerken kommen? Und was wird dann sein, wenn das Internet der Dinge die Grenzkosten von immer mehr Produkten gegen null tendieren lässt? Wird eine neue Kreislaufwirtschaft entstehen, die auf dem Sozialkapital heutiger afrikanischer Gesellschaften aufbaut?

Es gibt viele Theorien und Prognosen zur weiteren Entwicklung unseres Wirtschaftssystems und unserer Gesellschaften. Wie diese aber tatsächlich aussehen werden, wird auch von der Vitalität der afrikanischen Gesellschaften und ihrer Unbefangenheit im Umgang mit den neuen Technologien bestimmt werden.

Und was heißt iteratives Vorgehen für unsere Spendengelder, unsere Investitionen und unsere Hilfsprojekte? Vermeiden Sie den großen Plan. Bleiben Sie mit Ihrem Vorhaben auf der Seite der »Sucher«.

Privatwirtschaftliche Projekte tun sich damit oft leichter, denn sie sind zumeist von vornherein auf der *Suche* nach Lösungsmöglichkeiten. Hilfsprojekte dagegen *wissen* oft schon von Anbeginn, wo es langgehen soll. Und sind zusätzlich noch einer starren Bürokratie ausgesetzt, die alles daransetzen wird, dass genau das getan wird, was viele Monate oder auch Jahre davor in einem Plan festgeschrieben wurde.

Ein Vorgehen in kleinen Schritten mit eingebauten automatischen Feedbackschleifen ist eine Grundvoraussetzung für den Erfolg, sowohl bei privatwirtschaftlichen Vorhaben als auch bei Hilfsprojekten. Ein sehr einfaches und zudem vereinfachendes Prinzip.

Wertschätzende Führung

»Aber, es war doch …, wegen Herrn Müller …«, stottert Graham. Aber es gelingt ihm nicht, zum Punkt zu kommen. Es war vorgesehen, dass er seinem Vorgesetzten widerspricht und die Probleme mit Herrn Müller benennt. Die Beobachter rutschen auf ihren Sesseln unruhig hin und her. Aber Graham kommt nicht voran, er geht voll und ganz in seiner Rolle als »Untergebener« auf und traut sich nicht, das Vorgesehene laut auszusprechen. Francis, sein Gegenüber, versteht es ausgezeichnet, die Rolle des Chefs zu spielen, er stattet diese mit voller Autorität aus.

Wir sind in einem Managementseminar in Südafrika. Ein Gespräch zwischen Chef und Mitarbeiter wird in einem Rollenspiel simuliert. Vorweg hat jeder der beiden jeweils seine Sicht zu einem bestimmten Arbeitsprojekt in den Übungsanleitungen bekommen. Jetzt wird gespielt und die Argumente werden ausgetauscht. Ziel der Übung ist es, zu lernen, wie wirkungsvolles Feedback eingeholt und gegeben wird.

Francis dauert das Stottern zu lang. »Wegen Ihres schlechten Führungsstils hat Ihr bester Mann, Herr Müller, das Projekt verlassen. Sie haben die Verzögerung im Projekt zu verantworten!« Graham ist baff und sagt gar nichts mehr. Es gelingt ihm einfach nicht, das zu formulieren, was aus seiner Sicht »wirklich« passiert war. Dass Herr Müller sich immer mit anderen Dingen beschäftigt hat, die anderen Kollegen vom Arbeiten abgehalten hat, usw.

Das Rollenspiel wird beendet. »Graham, wie ist es dir in deiner Rolle gegangen?« – »Schrecklich! Ich habe die ganze Zeit meinen wirklichen Chef mir gegenübergesehen ...«

■

In allen afrikanischen Gesellschaften, die ich kennenlernen konnte, ist der Führungsstil autoritärer als bei uns in Deutschland, Österreich oder der Schweiz. In einigen Fällen ist es so gut wie verboten, dem Vorgesetzten zu widersprechen. Und der Vorgesetzte würde seinen Mitarbeitern auch nie eine Frage stellen. Das würde sofort als Schwäche ausgelegt werden. Und so etwas wie Feedback, also eine Rückmeldung zum Verhalten des anderen, ist grundsätzlich nicht vorgesehen. Feedback geben, kann aber gelernt werden. Und eine Kultur des *Feedbacks* in einer Organisation aufzubauen, ist Teil eines wertschätzenden Managements.

Im fünften vorgeschlagenen Prinzip, an dem sich Europas

Zusammenarbeit mit den afrikanischen Ländern orientieren soll, liegt weit mehr Potenzial als auf den ersten Blick ersichtlich. *Baue auf wertschätzendes Management mit selbst organisierten Teams und Netzwerken,* ist die Chance für europäische Politiker, Beamte, Unternehmer und Manager, sich in Afrika von den Kollegen aus den USA und vor allem aus Asien abzugrenzen.

Wertschätzendes Management kann ein Alleinstellungsmerkmal Europas sein! Die Menschen der neuen afrikanischen Mittelschicht warten nur so darauf, von Kollegen, Vorgesetzten, Geschäftspartnern und sonstigen Counterparts ernst genommen und vor allem *wertgeschätzt* zu werden. Auch hier sind sie unsere natürlichen Verbündeten.

Vergessen wir nicht, der gesellschaftliche Umbruch in den meisten afrikanischen Ländern ging rasend schnell vor sich. Mancherorts ist der Übergang von einer abgelegenen archaischen Dorfgemeinschaft zu einer Gesellschaft, deren Mitglieder Teil der modernen Kommunikations- und Wissensgesellschaft sind, in nicht viel mehr als zwei Jahrzehnten geschehen. Alte hierarchische und zumeist auch patriarchische Strukturen sind deshalb vielerorts noch immer Teil des Systems. Die jüngeren Generationen sehnen sich nach Veränderungen.

Wertschätzendes Management bedeutet, den Menschen eine grundsätzlich positive Haltung entgegenzubringen und sie in ihren als positiv empfundenen Eigenschaften zu bestärken. Auf selbst organisierte Teams und Netzwerke aufbauen heißt, zuallererst das System und nicht die Menschen zu managen. Also den Rahmen so zu setzen, dass die Mitarbeiter den Freiraum und die Ressourcen für ihre Arbeit haben. Beide Vorgehensweisen verstärken sich und sind vereint eine kraftvolle Mischung, um Organisationen zu verändern.

Auch wenn dieser Ansatz selbst in Europa noch nicht als Mainstream bezeichnet werden kann, wird er doch von immer mehr führenden Organisationen gelebt. Denn heute kommt es immer mehr auf die Fähigkeiten, den Ideenreichtum und die Schöpferkraft der Mitarbeiter als Quelle für die überlebenswichtigen Innovationen an. Die Systeme müssen sich an die Menschen anpassen, und nicht umgekehrt.

Afrikanische Länder haben oftmals eine besondere Notwendigkeit, moderne Führungsstrukturen zu etablieren. In Aufbauwirtschaften müssen häufig schubweise viele neue Positionen zugleich besetzt werden. Das erzeugt eine besondere Knappheit an qualifizierten Personen. Da kann es schon vorkommen, dass die Gehälter von Wasserbauingenieuren oder anderen Technikern in unvorstellbare Höhen schießen. Die Fluktuation steigt, die Mitarbeiter bleiben oft nur wenige Monate. Noch bevor sie in der Lage sind, ihr Können zu zeigen, wechseln sie in den nächsten, viel lukrativeren Job. Das ist für die Organisationen schlecht, für die keine Leistungen erbracht werden, und für die Mitarbeiter schlecht, die sich an astronomisch hohe Gehälter gewöhnen, ohne jemals Verantwortung übernommen zu haben. Wertschätzendes Management heißt auch, Mitarbeiter nicht ausschließlich und nicht hauptsächlich über monetäre Anreize zu binden.

Aus meiner Sicht gehört es zu Europas Stärken, eine moderne und wertschätzende Führungskultur zu leben. Viele der in den vorigen Kapiteln beschriebenen Hidden Champions setzen auf Führungsarbeit, die sich am Systemdenken orientiert und die auf die Stärken der Mitarbeiter baut und damit hochwirksam und erfolgreich ist.

Theoretische Grundlagen dafür wurden ausgehend vom Denken Peter Druckers rund um die Hochschule in St. Gallen in der Schweiz geschaffen, die das systemorientierte Managementmodell entwickelte. Hinzu kommen die in jüngster Zeit entstandenen *agilen Methoden* aus der Softwarewirtschaft, die ebenso auf systemtheoretischen Grundsätzen beruhen. Rund um die *Peter Drucker Society Europe* hat sich in den letzten Jahren ein US-amerikanisch-europäischer Dialog entwickelt, der Alternativen zum herkömmlichen gewinn- und zahlenorientieren Management und zur finanzmarktgetriebenen Wirtschaft sucht.

Wertschätzendes und systemorientiertes Management leitet sich direkt vom humanistischen Menschenbild und damit von den europäischen Werten ab. Es ist Teil von Europas Stärken und trifft einen Bedarf der neuen afrikanischen Mittelschicht. Europa kann hier in Afrika punkten und die Welt mitgestalten.

Machen Sie daher modernes wertschätzendes Management zu einem wichtigen Teil Ihres Vorhabens in einem afrikanischen Land. Spenden oder investieren Sie in solche Projekte, die auf wertschätzende Führung setzen. Gerade in afrikanischen Ländern ist Wertschätzung ein Erfolgsfaktor. Sie heben sich damit ganz klar von chinesischen oder anderen asiatischen, aber auch vielen der einseitig gewinnorientierten US-amerikanischen Projekten ab. Wertschätzende Führung unterstreicht die Einzigartigkeit Ihres Vorhabens.

Hinzu kommt, dass in einem interkulturellen Umfeld besonders viele Unabwägbarkeiten und unvorhergesehene Ereignisse zu bewerkstelligen sind. Wie sonst, wenn nicht mit kompetenten, hochmotivierten und möglichst eigenständigen Mitarbeitern und Teams kann dies geschehen?

Die Prinzipien einer Zusammenarbeit
mit Afrika

Die Beziehungen zu den afrikanischen Ländern sind der Test-fall, das anzuwenden, worin Europas Stärken liegen. Will sich Europa weiterhin seinen Platz in der Welt erhalten, muss es auch in die Beziehungen zu den afrikanischen Ländern inves-tieren. Mit allem, was dazugehört, auf allen Ebenen und auf breiter Basis. Die vorgeschlagenen fünf Prinzipien stellen eine Richtschnur dar, die erlaubt, die bestehende Zusammen-arbeit weiterzuentwickeln.

Die gezeigten Prinzipien verstärken sich gegenseitig. Sich an Werten zu orientieren und die Partner zu begeistern, stützt und entwickelt auch die eigene europäische Identität. Auf Au-genhöhe zu kommunizieren und iterativ vorzugehen, lässt an den Schnittstellen mit den anderen ganz neue Möglichkeiten entstehen. Wertschätzendes Management schafft Potenzial für Neues und festigt gleichzeitig die humanistischen Werte und die Begeisterung der Partner. Das wiederum erleichtert eine Kommunikation auf Augenhöhe. Trotz Kolonialge-schichte.

In der Zusammenarbeit mit dem *Afrika der Netzwerke und Chancen* liegen die Potenziale für echte gesellschaftliche Inno-vationen. Und die benötigen wir dringend. Immerhin geht es um die Überwindung der Krise in Europa und das Zu-sammenrücken der Menschheit im Zeitalter der Digitalisie-rung.

Heute erzählen wir uns die Erfolgsgeschichte der europäi-schen Integration und beziehen diese auf die europäischen Leistungen nach innen, die eigene Friedenssicherung und den eigenen gemeinsamen Markt. In der Zukunft wird sich die Erzählung daran orientieren, was Europa nach außen der globalisierten Welt zu geben gehabt haben wird.

Diese Außenorientierung ist für Europa außerdem eine Chance, sich nach innen zu konsolidieren, wie ich in Kapitel 6 argumentiert habe.

African Century

Das 21. Jahrhundert wird das *Jahrhundert Afrikas*, lese und höre ich immer wieder. Einiges spricht dafür. Jedenfalls wird der Kontinent, dessen Fläche ein Fünftel der Landmasse der Erdoberfläche entspricht und der noch 2013 nur ein Siebtel der Menschen beheimatete, an Bedeutung zunehmen. So oder so. Denn seine Bevölkerung ist die letzte aller Kontinente, die noch wächst und sich bis zur Mitte dieses Jahrhunderts verdoppelt haben sollte.

Die Aufbruchsstimmung der Jugend, die Anziehungskraft der Globalisierung, die Gründerzeit, innovatives Unternehmertum, unkonventionelle und noch nie da gewesene Anwendungen der mobilen Kommunikationstechnologien, das alles wird den Kontinent verändern und Neues entstehen lassen. Wenn wir uns nun von unseren alten Vorstellungen und blinden Flecken befreien, uns endlich vom Bild eines Afrikas der Katastrophen und des Kontinents der Entwicklungshilfe verabschieden können und das *Afrika der Partner und Freunde,* das *Afrika der Netzwerke und Chancen,* das *Afrika der Vitalität und Lebensfreude* und das *Afrika der Realwirtschaft* sehen, werden wir die afrikanischen Länder und ihre Menschen nicht mehr unterschätzen.

Und es wird deutlich und klar, warum Europas zukünftiger Platz in der Welt auch in Afrika entschieden werden wird.

Anhang

Grundprinzipien zur Gestaltung der Zusammenarbeit mit afrikanischen Ländern

Eine Checkliste für Unternehmer, Mitarbeiter, Engagierte, Investoren und Spender

1. Prinzip: Orientiere die Zusammenarbeit an Werten, die diese Zusammenarbeit wachsen lassen

- Lassen sich die Ideen und Ziele des Vorhabens aus den europäische Werten wie humanistisches Denken, Rationalität, Säkularität, Rechtsstaatlichkeit, Demokratie und Menschenrechte ableiten?
- Ist das Vorhaben so angelegt, dass die grundlegenden Werte und Überzeugungen für alle Beteiligten inklusive der lokalen Partner erkennbar und klar sind?
- Beziehen sich diese Werte auch auf den Bedarf der Kunden/Zielgruppe?
- Werden die Werte von den am Vorhaben Beteiligten gelebt?
- Sind die tatsächlich gelebten Werte eine Basis dafür, dass das Vorhaben eine Vorbildfunktion für sein Umfeld einnimmt?

2. Prinzip: Begeistere die Partner

- Steht der Nutzen der Kunden bzw. der Zielgruppe im Mittelpunkt der Aufmerksamkeit?
- Wird versucht, den Bedarf, die Probleme und die Engpässe der Kunden / Zielgruppe relativ genau zu erfassen?
- Wird dabei das direkte Feedback der Kunden / Zielgruppe miteinbezogen?
- Verfolgt das Projekt eine Outside-in-Logik, das heißt, geht es zuerst vom Bedarf der Kunden/Zielgruppe aus und leitet daraus die Aktivitäten ab?
- Besteht Klarheit darüber, was die größten Stärken des Projekts sind?
- Baut die Strategie des Projekts auf diese Stärken?
- Wurden die Stärken der anderen Anbieter analysiert?
- Ist die Kundengruppe/Zielgruppe eindeutig bestimmt und ist das Projekt der größte und beste Problemlöser für diese?
- Ist klargestellt, auf welche Kundengruppe / Zielgruppe sich die Leistungen des Projekts konzentrieren?
- Bietet das Projekt den Kunden / Zielgruppe etwas anderes und Einzigartiges?
- Ist die Projektarbeit auf dauerhafte Leistungsverbesserung aufgebaut?
- Orientieren sich die Innovationen am größten Engpass der Kunden / Zielgruppe?

3. Prinzip: Kommuniziere auf Augenhöhe

- Stehen Interaktionen mit den Partnern und den Kunden / der Zielgruppe im Mittelpunkt des Projektgeschehens?
- Besteht ein ständiger Dialog mit den Kunden / der Zielgruppe?
- Sind uns Beziehungen und Konversationen wichtiger als einseitige Top-down-Kommunikation?

- Ist das Projekte vielschichtig mit den lokalen Strukturen verlinkt?
- Wird den lokalen Partnern und den Kunden / der Zielgruppe zugehört?
- Denken die Mitarbeiter des Projekts auch aus Sicht der Partner?
- Gibt es einen »Übersetzer«, der beide Seiten versteht und hilft, die lokale Situation zu interpretieren?
- Sind die Mitarbeiter des Projekts offen für Neues und schaffen fortwährend neue Zugänge zu anderen lokalen Strukturen?

4. Prinzip: Gehe schrittweise vor und vermeide den großen Plan

- Sieht die Strategie eine Vorgehensweise in kleinen Schritten vor?
- Sind Projektmeilensteine festgelegt, die das Einholen von Feedback von den wichtigsten Beteiligten (Kunden / Zielgruppe) vorsehen?
- Sind automatische Feedbackschleifen eingebaut?
- Ist sichergestellt, dass Feedback analysiert wird?
- Ist sichergestellt, dass die Analysen des empfangenen Feedbacks zu laufenden Eigen-Verbesserungen führen?

5. Prinzip: Baue auf wertschätzendes Management mit selbst organisierten Teams und Netzwerken

- Agieren die hauptverantwortlichen ManagerInnen wertschätzend und sind sie mit ihrem Verhalten ein Vorbild?
- Sind Empathie und Integrität fixer Teil der Projektkultur?
- Ist die Projektkultur von Vertrauen geprägt?
- Konzentrieren sich die hauptverantwortlichen Manager auf das Führen des Systems und weniger auf das Führen der Mitarbeiter?

- Sind Richtung und Ziele des Projekts so vorgegeben, dass sich die Beteiligten im Partnerland selbst organisieren können?
- Ist das Regelwerk der Projektorganisation so aufgebaut, dass es den Beteiligten im Partnerland genügend Autonomie zur Selbstorganisation lässt?
- Ist die Organisation so aufgebaut, dass sich die Menschen beteiligen können?
- Sind autonome, selbststeuernde Teams vorgesehen?
- Ist es gelungen, bürokratische Detailregeln zu vermeiden?

Literaturhinweise

Beinhocker, Eric: *Die Entstehung des Wohlstands. Wie Evolution die Wirtschaft antreibt*, Landsberg am Lech 2007.

Brautigam, Deborah: *The Dragon's Gift: The real story of China in Africa*, New York 2009.

Coyle, Diana: *GDP: A Brief Affectionate History*, Woodstock 2014.

Drucker, Peter: *Die globale Herausforderung*, Düsseldorf 1996.

— *Landmarks of Tomorrow*, New York 1957 / 1996.

— *The Practice of Management*, New York 1954.

Denning, Stephen: *The Leader's Guide to Radical Management*, New York 2010.

Easterly, William: *The Tyranny of Experts: Economists, Dictators, and the Forgotten Rights of the Poor*, Philadelphia 2013.

— *Wir retten die Welt zu Tode. Für ein professionelleres Management im Kampf gegen die Armut*, Frankfurt a.M. 2006.

Eggen, Oyvind und Roland, Kjell: *Western Aid at a Crossroads: The End of Paternalism*, Basingstoke / New York 2014.

Ferguson, Niall: *Der Niedergang des Westens. Wie Institutionen verfallen und Ökonomien sterben*, Berlin 2013.

— *Der Westen und der Rest der Welt. Die Geschichte vom Wettstreit der Kulturen*, Berlin 2011.

Fukuyama, Francis: »The End of History?«, in: *The National Interest*, 1989.

Gaus, Bettina: *Der unterschätzte Kontinent. Reise zur Mittelschicht Afrikas*, Frankfurt a.M. 2011.

Gratton, Lynda: *Job Future – Future Jobs. Wie wir von der neuen Arbeitswelt profitieren*, München 2012.

Horx, Mathias: *Das Buch des Wandels. Wie Menschen die Zukunft gestalten*, München 2009.

Johnson, Dominic: *Afrika vor dem großen Sprung*, Berlin 2011.

Lotter, Wolf: *Zivilkapitalismus. Wir können auch anders,*
München 2013.

Mahbubani, Kishore: *Die Rückkehr Asiens. Das Ende der
westlichen Dominanz,* Berlin 2008.

Mataen, David: *Africa – The Ultimate Frontier Market. A
Guide to the Business and Investment Opportunities in
Emerging Africa,* Petersfield 2012.

McKinsey Global Institute: *Lions Go Global. Deepening
Africa's Ties to The United States,* 2014.

— *Nigeria's Renewal. Delivering Inclusive Growth in Africa's
Largest Economy,* 2014.

— *Lions on The Move. The Progress and Potential of African
Economies,* 2010.

Menasse, Robert: *Der Europäische Landbote. Die Wut der
Bürger und der Friede Europas,* Wien 2012.

Mintzberg, Henry: *Rebalancing Society. Radical Renewal
beyond Left, Right and Center,* Oakland 2015.

Moyo, Dambisa: *Dead Aid: Warum Entwicklungshilfe nicht
funktioniert und was Afrika besser machen kann,*
Berlin 2011.

Navara, Petra: *Was macht Herr Lin in Afrika?,* Wien 2013.

Olopade, Dayo: *The Bright Continent: Breaking Rules and
Making Change in Modern Africa,* New York 2014.

Radelet, Steven: *Emerging Africa: How 17 Countries Are
Leading the Way,* Washington D.C. 2010.

Ramalingam, Ben: *Aid on the Edge of Chaos: Rethinking
International Cooperation in a Complex World,* New York
2013.

Ridley, Matt: *Wenn Ideen Sex haben. Wie Fortschritt entsteht
und Wohlstand vermehrt wird,* München 2011.

Rifkin, Jeremy: *Die Null-Grenzkosten-Gesellschaft. Das Internet
der Dinge, kollaboratives Gemeingut und der Rückzug des
Kapitalismus,* Frankfurt a.M. / New York 2014.

— *Die empathische Zivilisation. Wege zu einem globalen Bewusstsein*, Frankfurt a.M. 2012.

— *Die dritte industrielle Revolution. Die Zukunft der Wirtschaft nach dem Atomzeitalter*, Frankfurt a.M./New York 2011.

Robertson, Charles: *The Fastest Billion. The Story Behind Africa's Economic Revolution*, London 2012.

Seitz, Volker: *Afrika wird arm regiert oder Wie man Afrika wirklich helfen kann*, München 2009.

Shikwati, James: *Die Optimierungsfalle. Warum sich Afrika aus der westlichen und asiatischen Entwicklungshilfe befreien muss*, Hamburg 2012.

Sieper, Hartmut: *Investieren in Afrika*, München 2008

Simon, Hermann: *Hidden Champions. Aufbruch nach Globalia*, Frankfurt a.M. 2012.

Strange, Susan: *States and Markets. An Introduction to International Political Economy*, London 1988.

Taleb, Nassim Nicholas: *Antifragilität. Anleitung für eine Welt, die wir nicht verstehen*, München 2013.

United Nations, *World Population Prospects. The 2012 Revision*, 2013.

Zakaria, Fareed: *Der Aufstieg der Anderen. Das postamerikanische Zeitalter*, München 2009.

Das internationale Erfolgsbuch

Viktor E. Frankl

...trotzdem
Ja zum Leben
sagen

Ein Psychologe erlebt das
Konzentrationslager

Kösel

Pappband | 192 Seiten
ISBN 978-3-466-36859-4

»Die Konzentrationslager Hitlers und Himmlers sind
heute historisch, sie sind nur ein Beispiel für vielfach
andere, neuere Höllen; und wie Viktor Frankl seine
Lager-Zeit überwand, ist inzwischen anwendbar geworden auf viele Situationen, die Zweifel am Sinn
des Lebens nahelegen.«

Aus dem Vorwort

Kösel

www.koesel.de